中国民族语言文字信息技术教育部重点实验室资助
教育部人文社科青年基金项目"基于语音和噪音信号的
卫拉特蒙古语声学研究"（15YJC740019）

阿拉善蒙古语语音、嗓音
及动态腭位声学研究

格根塔娜　　胡阿旭　　著

科学出版社

北　京

内 容 简 介

在历史演变和社会经济发展过程中，蒙古语阿拉善话有着自己独特的语音特征，其发音既有蒙古语的共性特征，也表现出特有的个体特征。

本书基于对语音多模态研究及蒙古语语音声学和生理研究现状的概述，通过语音信号、EGG 信号和 EPG 信号，探讨、分析了蒙古语阿拉善话元音和辅音的声学特征、松紧元音的嗓音特征及浊辅音的嗓音特征，以及阿拉善话单辅音和复辅音的腭位特征，总结了阿拉善话元音、辅音的声学和生理特点。

本书适合语言学及应用语言学领域的专家、学者，以及相关专业的研究生阅读。

图书在版编目（CIP）数据

阿拉善蒙古语语音、嗓音及动态腭位声学研究/格根塔娜，胡阿旭著. —北京：科学出版社，2020.9
ISBN 978-7-03-065934-7

Ⅰ.①阿… Ⅱ.①格… ②胡… Ⅲ.①蒙古语(中国少数民族语言)-方言研究-阿拉善盟 Ⅳ.①H212.7

中国版本图书馆 CIP 数据核字（2020）第 160245 号

责任编辑：付 艳 李秉乾 / 责任校对：彭珍珍
责任印制：李 彤 / 封面设计：润一设计

科学出版社 出版
北京东黄城根北街 16 号
邮政编码：100717
http://www.sciencep.com
北京虎彩文化传播有限公司 印刷
科学出版社发行 各地新华书店经销

*

2020 年 9 月第 一 版 开本：720×1000 B5
2020 年 9 月第一次印刷 印张：10 1/2
字数：200 000
定价：**89.00 元**
（如有印装质量问题，我社负责调换）

民族语言文字信息技术系列编写委员会

主　　编　于洪志

副 主 编　李永宏

编写人员（按姓氏拼音排序）

　　　　　　阿里木·玉苏甫　曹　晖　段力令

　　　　　　格根塔娜　　　　郭　蕾　胡阿旭

　　　　　　加羊吉　李冠宇　刘美丽　吕士良

　　　　　　马永峰　祁坤钰　王梦环　吴　汉

前　言

　　语音是语言的物质外壳，是语言实现社会功能的物质凭借，其物质特性分为物理属性和生理属性两个方面。蒙古语阿拉善话属于内蒙古方言之一，其发音既有蒙古语的共性特征，也表现出特有的个体特征。本书通过语音信号、EGG 信号和 EPG 信号探讨阿拉善话元音和辅音的声学特征、嗓音特征和腭位特征。

　　1）分析蒙古语阿拉善话元音和辅音的声学特征。首先，讨论阿拉善话单元音在不同音节位置中音色和时长特征。研究结果发现，在词首音节中，单元音发音音域相对宽；而在非词首音节中，元音表现为舌位趋中的特点。其次，介绍了二合元音的性质及发音特点。二合元音的后音段在音节中承担着重要任务。其发音部位的变化越大，过渡段的时间越长；发音部位的变化越小，过渡段的时间越短。其 F1、F2 斜率研究结果表明，斜率越大，发音动程也就大，即发音部位的变化大；斜率越小，则反之。最后，分析了阿拉善话清浊辅音语图模式和后接不同元音时的音征走势，认为塞音和塞擦音的送气段有一定的区别：在强度上，一般送气的比不送气的更强些；在长度上，送气的远比不送气的长。这与其他语言的研究结果一致。辅音音征走势因后接

i

元音的舌位和在音节位置的不同而存在异同。

2）主要从四个方面讨论蒙古语阿拉善话松元音的嗓音特征、紧元音的嗓音特征、松紧元音的对比分析及浊辅音的嗓音特征。首先，松紧元音的嗓音特征不仅体现在男声和女声之间存在差异，在元音内部之间也有很多的异同。其中[e]、[θ]、[ʉ]、[æ]、[œ]、[i]属于正常嗓音，而[ɐ]、[ɔ]、[ʊ]发音时声带则会相对紧张，其声门波形中表现出紧喉音的特色。松紧元音在声带振动模式上的差异不是很大，不能够称为区别特征，而是在舌位的前后变化上能够产生区别意义。其次，浊辅音的嗓音特征差异不仅体现在音节类型中，也在不同发音方法中有所体现。

3）分析了蒙古语阿拉善话单辅音和复辅音的腭位特征。其一，笔者在阿拉善话单辅音中对 17 个辅音音位的静态腭位及后接元音对这些辅音的影响进行了分析。研究结果表明，阿拉善话双唇鼻音、齿区边音和齿龈后区闪音等浊辅音受元音动作的影响相对弱，即浊辅音对舌体动作的控制较强，协同发音阻力则较大；舌尖音对舌体发音动作的控制较强，主动发音器官的发音动作一般不受元音舌位的影响，但是元音对其舌面与硬腭的影响较显著；元音影响舌面音的收紧点位置。其二，讨论了阿拉善话复辅音中前后辅音之间结合的状态、发音特征及舌腭接触的静态腭位情况。复辅音中拥有共同的持阻段的接触面积会相对大，而没有共同的持阻段的接触面积则会相对小。前置音为舌尖音时，舌体越向齿龈区靠近，齿龈区舌腭接触越靠前，后置辅音为擦音或塞擦音的复辅音，擦段形成使舌体抬起。

本书研究得出蒙古语阿拉善话发音时其语音与生理机制的对应关系，量化描述该方言的音位体系，并通过其语言音段的声学、生理参数来分析其语音、嗓音及腭位特征。通过生理的研究方法对声学方法进行补充，从而对蒙古语阿拉善话的语音现象进行更全面的阐述和说明。这不但充实了现代蒙古语的理论体系，拓展了蒙古语实验语音学的研究范围，同时也为蒙古语其他方言、族语研究提供了理论指导和数据支持。

格根塔娜

2019 年 12 月 1 日

目　录

缩略语表

ALV	alveolar	齿龈接触面积
CA	contact anteriority	前向接触指数
CC	contact centrality	聚中性指数
COG	center of gravity	腭位接触重心
CP	contact posteriority	后向接触指数
EGG	electroglottography	电子腭位仪
EPG	electropalatography	电子声门仪
F0	foundamental frequency	基频
F1	first formant	第一共振峰
F2	second formant	第二共振峰
F3	third formant	第三共振峰

FN	file name	样本名
No	number	序号
OQ	open quotient	开商
P	phoneme	音素读音
PAL	palatal	硬腭接触面积
PNo	phoneme number	音素序号
PT	phonation types	发声类型
RCA	ratio of contact area	舌腭接触总面积
S	syllable	音节读音
SD	syllable duration	音节时长
SL	syllable location	音节位置
SN	syllable number	音节个数
SQ	speed quotient	速度商
ST	syllable types	音节类型
T	transition cue	过渡音征
VEL	velar	软腭接触面积
VF1	voiced consonant first formant	
		浊辅音第一共振峰
VF2	voiced consonant second formant	
		浊辅音第二共振峰

VF3	voiced consonant third formant	
		浊辅音第三共振峰
VF4	voiced consonant forth formant	
		浊辅音第四共振峰
VOT	voice onset time	嗓音起始时间
WD	word duration	词时长
WNo	word number	词序号
WP	word pronunciation	词的读音

第 1 章
绪　　论

1.1　语音实验研究概述

　　语音是语言的物质外壳，其物质特性分为物理属性和生理属性两个方面。其中，物理属性包括音高、音强、音长和音色；生理属性即发音器官包括肺和气管、喉头和声带、咽腔、鼻腔和口腔。当发一个音时，几个发音器官协同活动，叫作发音动作。每种语言在发音动作上的特点差异称为该语言的发音特点。随着科学技术的发展，语音学采用了大量科学的研究方法使其发展成为一门和许多科学交叉相关的现代学科。目前，语音学基础理论研究的前沿正从过去单一的语音学转向多学科的整体研究，这种多学科整体研究的集中体现就是语音多模态研究（multi-modal of speech）。国际著名的研究机构瑞典皇家理工学院（Kungliga Tekniska Högskolan，KTH）、美国哈斯金斯语音实验室（Haskins Laboratories）、加利福尼亚大学洛杉矶分校语音实验室（UCLA Phonetics Lab）和日本东京大学言语生理系等，在英语和日语的言语产生和多模态人机交互方面均取得了大量的研究成果。例如，在语音生理研究方面，语音调音研究已采用鼻流计（Seaver et al.，1991）、电子动态腭位仪（Byrd，1994）、电磁发音仪（Recasens，2002）、唇位图像处理、核磁共振成像（Demolin et al.，2000；Narayanan，2004）、CT（computerized tomography，计算机化 X 线体层照相术）三维成像和高速核磁共振声道成像技术（Ong，Stone，1998）；语音发声研究已采用气流气压计（Ohala，1997）、肌电技术（Betts et al.，2006）、超声波成像技术（Gick，2002；Stone，2005）和高速数字成像技术等；在语音心理认知研究方面，功能性核磁共振已用于语音认知的脑电波的研究。

在国内，语音学理论和言语声学、生理特征的研究也取得了较多的研究成果。1963 年，周殿福先生利用 X 光技术拍摄汉语的发音过程并使用静态的腭位照相记录其音段的舌腭接触情况。随后，吴宗济和林茂灿（1989）对语音的声学、生理特性做了全面、系统的阐释，同时提出了汉语语音实验研究的方法。在社会科学院重大项目基金的支持下，中国社会科学院语言研究所运用电磁发音仪、电子动态腭位仪、口鼻气流气压计等对汉语普通话发音参数库进行收集，进而研究语音产生过程中的发音、发声和空气动力学特性。例如，利用电磁发音仪进行宁波方言的研究（胡方，2006），以及利用 EPG 进行汉语普通话（Zheng，Bao，2002；李俭，2004）和上海话（平悦铃，2003）的发音研究等。北京大学孔江平教授一直从事嗓音的研究，包括民族语言和汉语普通话，出版过嗓音方面的研究专著——《论语言发声》（2001）和《喉动力学和生理模型：高速成像和声学技术》（*Laryngeal Dynamics and Physiological Models: High Speed Imaging and Acoustical Techniques*）

（2007）。近几年，李英浩利用电子动态腭位仪对汉语普通话单音节、双音节协同发音方面进行了研究（李英浩，2010）。

1.2 蒙古语语音声学与生理研究

关于蒙古语实验语音研究方面，在国外，日本筑波大学城生佰太郎、蒙古国扎·朝鲁与 C. 嫫嫫、瑞典伦德大学语言学系（Svantesson，1990，1991）及圣比得堡大学外语系（Rannaeva，2002）等均对中国蒙古语察哈尔土语（话）、蒙古国喀尔喀和扎哈沁等方言和布利亚特语进行了实验研究。其中，Svantesson 等（2005）所著的《蒙古语语音》（*The Phonology of Mongolian*）一书中提到蒙古语实验语音学和音系学的理论和方法，对蒙古国喀尔喀方言的语音进行了较为系统的研究，并提出了诸多新观点。

在国内，自 20 世纪 50 年代末开始，清格尔泰、确精扎布使用浪纹计、塑料假腭等设备对蒙古语辅音的清浊问题进行了探讨（清格尔泰，确精扎布，1959），并提出了蒙古语[p]、[t]、[k]三个辅音是清辅音，而不是浊辅音的观点。20 世纪 80 年代末，确精扎布（1989a，1989b）在日本东京大学访问期间，对蒙古语察哈尔土语的元音分类、发音部位、发声长度做了定量和定性研究。随着现代语音学理论与方法的成熟，学者对蒙古语标准音及诸方言土语的音段和超音段进行了全面、系统的声学和生理研究工作，包括以下几方面。

1）标准音声学研究方面。鲍怀翘和吕士楠（1992）对蒙古语察哈尔话松紧元音进行了声学研究，分析结果得出 F1、F2 的振幅差值是能够区分蒙古语松紧元音的特征参量；有学者对标准音的元音（Bayarmendu，1999）、词末弱短元音（呼和，曹道巴特尔，1996）、元音和谐律（敖登格日乐，2009）、辅音的长度问题（呼和，1997）进行了分析探讨；呼和及确精扎布建立了"蒙古语语音声学参数数据库"，并利用该数据库相关数据撰写了《蒙古语语音声学分析》（呼和，确精扎布，1999）；之后有学者对蒙古语标准音的元音和辅音声学特征（山丹，2007）、清擦音的声学特征（胡红彦，2011），以及词首辅音谱特征进行了分析研究（呼和，2015a）。

2）标准音生理研究方面。第一，从蒙古语嗓音特征的研究来看，孔江平（1999）曾对 20—25 岁的 80 个蒙古族发音人的嗓音样本进行声门阻抗参量的相关性研究，得出蒙古族男女发音人的嗓音特征可分为三种类型，并认为蒙古语发声时其嗓音参数的定义是不同于其他民族语言的。他还在《实验语音学基础教程》中通俗易懂地阐述了语音实验研究方法（孔江平，2015）。第二，从蒙古语动态腭位研究来看，哈斯其木格、郑玉玲等大量采集了蒙古语标准音的辅音腭位信号，建立了"蒙古语辅音动态腭位数据库"，在此基础上开展了基本辅音（敖敦其木格，2004；哈斯其木格，郑玉玲，2008；胡红彦等，2010；包桂兰，2010）、辅音组合（陈秀梅，2004；哈斯其木格，2002，2006，2013）和协同发音（包桂兰，2016）等研究工作。第三，从蒙古语气流气压信号研究来看，基于 PAS 的蒙古语标准话辅音气流气压研究（呼和，周学文，2013）和元音研究（塔格塔，2016）都有一定的研究进展。

3）标准音韵律特征研究方面。呼和在《蒙古族韵律学基础研究》（*A Basic Study of Mongolian Prosody*）（Huhe，2003）一书中深入研究了蒙古语词重音，并认为在韵律方面，蒙古语词重音是有别于其他语言的，它的位置根据词结构的不同而变化；张淑芹、乌吉斯古冷、呼和等利用蒙古语标准音朗读话语、自然口语的语料，探讨了蒙古语标准音朗读话语的韵律特征问题及面向语音合成的韵律特征问题（张淑芹，2008；乌吉斯古冷，呼和，2010）；另外，还有学者对蒙古语韵律短语的分类（敖敏等，2014）、蒙古语韵律词的结构与声学特征（来兄，2015），以及蒙古语自然口语韵律短语音高、音强等进行了研究（阿云嘎，2016；乌尼尔，2016）。

4）方言土语元音声学研究方面。一些学者开展了对蒙古语诸方言土语语音的声学分析工作（Bayarmendu，1999；白音门德，2014；查娜，2001；哈斯其木格，2002；白梦璇，2005；其布热，2006；阿拉坦，2006；图雅，2007；敖敏，2008；王玉兰，2008；娜仁高娃，2008；红梅，2009；玉梅，2009；敖登格日乐，2009）；呼和（2009）的《蒙古语语音实验研究》一书全面、系统地体现了我国蒙古语标准音音段和超音段研究的更高水平；白音门德（2014）整合了蒙古语诸方言土语的元音及辅音声学特征，通过比较分析，深入地探讨了各方言土语之间的元音及辅音的发音特征的异同。

关于蒙古语阿拉善话的本体研究，主要集中在语音和语法上，如20世纪80年代，阿拉善额济纳土语调查小组对阿拉善土语进行了全面的调查，归纳了阿拉善土语元音、辅音音位体系（纳·格日勒图1985，1986a；斯琴毕力格，1982），探讨了该土语语音特征、元音和谐律、复辅音及语流音变等问题（纳·格日勒图，1991；扎·巴图格日勒，1985a，1985b，1989），并将阿拉善土语语音与蒙古语书面语、标准音进行了对比研究（纳·格日勒图，1986b；宋如布，1985；赛音巴特尔，1986）。21世纪以来，关于阿拉善土语语音的研究有了新的进展。从音系学的角度，贾拉森（2004）探讨了阿拉善土语元音及元音和谐律特征的问题；孟根图娅（2007）全面、系统地阐述了阿拉善额济纳土语的音位体系及语音变化情况。从现代语音学的角度，白梦璇（2005）采集了蒙古语阿拉善土语元音的语音信号，并对该土语的短元音、长元音、复合元音进行了声学分析，探讨了其复合元音、元音和谐律等语音现象；敖云那生（2012b）对阿拉善土语语音体系进行了重新统计并分析了元音音位和辅音音位及变体的声学特征。

上文从蒙古语标准音的语音信号、动态腭位信号、气流气压信号等方面分析和研究了蒙古语标准音的语音特征和生理特征，从语音多模态的研究入手，得出了具有一定学术意义的结论，这些研究能够更好地让我们理解和掌握蒙古语的发音特点和生理特点。

1.3　研究对象、目的和意义

本书提取蒙古语阿拉善话语音、嗓音、腭位三类信号，结合 EGG 和 EPG 研究方法考察阿拉善话基本语音单位的声学特征、发声类型特征及腭位特征。具体内容包括三个方面：第一，阿拉善话元音和辅音的声学特征。主要考察元音在词首位置和非词首位置的共振峰、时长差异，以此来归纳阿拉善话元音的声学格局，并探讨复合元音的性质及辅音的发音特点。第二，阿拉善话元音和辅音嗓音特征。主要考察松紧元音的发声类型、男女声之间基频（F0）、开商（OQ）和速度商（SQ）之间的差异及浊辅音的发声特点。第三，阿拉善话辅音的腭位特征。考察辅音的腭位特征及元音对辅音发音动作的影响。

本书的研究目的在于，结合声学和生理信号对蒙古语阿拉善话的元音和辅音的发音部位、发音方法和声带振动模式有全面的认识和理解，提出蒙古语各语音音段的生理和物理特征的量化方法，总结出阿拉善话松紧元音的发声类型模式和辅音协同发音的规律。

本书的研究意义包括：第一，蒙古语阿拉善话在分布范围上介于内蒙古方言区和卫拉特方言区。在语音上，阿拉善蒙古语更接近于卫拉特方言；在语法和词汇上，更接近于内蒙古方言。因此，对阿拉善话进行研究，对于揭示蒙古语的历史演变和语音发展有着重要的理论价值。第二，本书使用声学和生理相结合的研究方法对阿拉善蒙古语的语音音段的发音特征进行讨论,这是一种研究方法上的创新性尝试。基于声学和生理信号的阿拉善蒙古语研究不仅能提高蒙古语语言研究的理论水平,而且能促进和语音相关领域学科的发展,极大地提高蒙古语语音的研究层次。第三,加强蒙古语的实验语音研究不仅可以促进各民族之间的语言文化技术交流,还将有效地保护蒙古族语言文化,提高我国多语言、跨平台技术研究的水平,推动蒙古族地区经济、科技、社会文化等方面的发展和进步。

本书分为 5 章,内容安排如下。

第 1 章为绪论。主要介绍与本书相关的国内外语音多模态研究结果及蒙古语实验语音学的研究现状。另外,还对言语发声类型及动态腭位的研究现状进行论述。

第 2 章为语音声学与生理研究方法总论。主要介绍语音的声学研究方法和生理研究方法,语音信号、EGG 信号和 EPG 信号与语音特征对应的原理和意义,介绍本书中使用的语料库和数据库结构及发音人的基本情况,并对参数标注提取的方法及参数设置进行描述。

第 3 章为阿拉善话语音声学研究。主要讨论其单元音(短元音和长元音)在不同音节位置上的声学表现及单元音的声学格局,论述复合元音各时段的时长表现及发音特点,讨论清辅音和浊辅音的语图模式及各辅音之间的发音方法和发音部位的差异。

第 4 章为阿拉善话语音嗓音特征。主要论述其松元音的发声特点、紧元音的发声特点及松紧元音在男女声之间嗓音特征的差异,并对松紧元音发声类型进行对比分析,最后讨论浊辅音的发声特点及浊辅音内部之间嗓音特征的差异。

第 5 章为阿拉善话语音腭位特征。主要讨论单辅音静态腭位特征及元音舌位对辅音发音动作的影响程度,并探讨复辅音的前后辅音之间结合的状态、发音特征及舌腭接触的情况。

第 2 章
语音声学与生理研究方法总论

本书通过语音信号、EGG 信号和 EPG 信号来分析蒙古语阿拉善话元音和辅音的声学特征与生理特征。笔者建立了 4 名发音人的声学和生理信号的语音库,并对语音库中上述三种信号进行了分析和处理。

本章的主要内容包括语音的声学研究方法、语音的生理研究方法、参数定义和实验介绍等。

2.1　语音的声学研究方法

语音声学研究方法是整个实验语音学的基础,也是成熟较早的方法之一。语音声学分析随着录音设备和分析仪器的改进和增多,由最早的浪纹计、示波器发展到之后的语图仪等语音分析仪器,具有能够使连续动态的语音量化分析其音色、音强、音高和音长等特点。也正是有了这些设备及配合设备的要求，学界才揭开了不少语音特征的奥秘，如辅音的过渡音征和音轨、元音共振峰与舌位的对应关系、元音声学格局等理论至今仍应用在各个语言的语音声学特征的描述中。下面，笔者将介绍本书使用的声学分析方法，主要从元音的声学分析和辅音的声学分析两类来进行描述。

第一，声学元音图是利用实验测得元音的共振峰频率来绘制的二维图，又叫元音声学图。声学元音图是整个声腔共振特性的产物，是客观测量出来的，要比传统的元音舌位图精确。声学元音图和生理舌位图在相对位置上大致对应。声学元音图以 F1 为纵坐标，方向朝下，对应于舌位的高低；以 F2 为横坐标，方向朝左，对应于舌位的前后，而零点在右上角。声学元音图能够较好地体现蒙古语阿拉善话元音的格局及变体的分布情况。

第二，元音共振峰与舌位有一定的对应关系，有研究者探讨了舌位模型与共振峰之间的相关性（Joos，1948；Delattre，1951）。从元音连续发音实验及声道面积变化是否影响共振峰（周殿福，吴宗济，1963）等实验结果得出它们之间的具体关系为：

1）舌位高低与 F1 频率高低之间存在反比关系，舌位越高，F1 频率越低，舌位越低，F1 频率就越高。

2）舌位越向前，F2 频率就越高，反之亦然。

3）第三共振峰（F3）与舌尖翘舌动作有关，舌尖上翘向后移（卷舌动作）则舌面下凹，舌根微抬，此时声道被明显地分割成三个腔体。F3 会出现明显的下降，舌尖元音也有类似倾向。圆唇作用会使所有共振峰频率降低，对 F2 的影响较为明显。

第三，辅音的语图模式是表现辅音发音方法的重要载体。辅音在语图（spectrogram）上的声学形象可以分解为一组基本模式：

1）冲直条（spike）：塞音破裂产生的脉冲频谱，表现为一个竖直条。

时程很短，为 10—20 ms，意味着在所有的频率成分上都有能量分布。

2）无声段长度（gap）：塞音和塞擦音破裂之前的一段空白，是辅音成阻、持阻时段的表现，也是清塞音的声学表现；这一段虽然是空白，但对塞音感知来说是不可或缺的。

3）嗓音横条（voice bar）：这是声带振动的浊音流经鼻腔辐射到空气中在语图上的表现。冲直条之前若有一条 500 Hz 以下较宽的嗓音横条，说明这是浊塞音。

4）乱纹（fills）：这是气流流经口腔某部位狭窄通道造成的湍流，所有的擦音在语图上都表现为乱纹。

5）浊辅音共振峰（voiced consonant formants）（VF1、VF2、VF3、VF4）：其定义与元音相同，鼻音、边音都有共振峰。

蒙古语阿拉善话所有辅音的声学特征都是这些基本特征的组合，概莫能外。辅音发音方法的不同，其实就是这些基本模式在时间上的组合方式的不同，如无声间隙与冲直条构成清塞音、冲直条与一段较短时程的乱纹组合就是塞擦音、乱纹段加长就成为送气塞擦音、只出现乱纹就是清擦音等。在语流中，我们有时发现塞音没有明显的冲直条，究其原因是塞音没有完全阻塞，口腔内没有蓄足较多的气流。

第四，辅音嗓音起始时间（VOT）是指声带振动产生的浊音流（嗓音）出现在冲直条前后的位置及其时间。出现在冲直条之前是浊音，VOT 为负值；出现在冲直条之后是清辅音，VOT 为正值。它们都分布在时间轴上，因此都可以用时间来量化（图 2.1）。

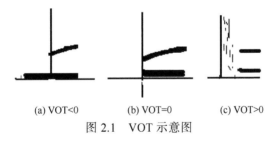

(a) VOT<0　　　(b) VOT=0　　　(c) VOT>0

图 2.1　VOT 示意图

第五，过渡音征和音轨理论。具体内容如下。

过渡音征（T）对辅音的调音部位，特别是暂音的部位在听辨上起决定性作用，如塞音的冲直条时程很短，无法表现出自身的谱特性，也就无法辨别其部位特征，只好由其后续元音承担。所以说过渡音征是塞辅音除阻后舌位移向元音过渡的声学映射，是元音携带了辅音的部位特征，也叫音征互载，一般指元音 F2 的过渡。不同的后续元音的 F2 过渡都会指向频率轴上的某一特定的点，这一点就是"音轨"。每个部位的塞音都有自己的音轨点。所以依据 F2 的过渡音征，我们可以推定不同部位的塞音，也就是依靠前过渡去推测元音前的辅音部位，依靠后过渡去推测后一音节的辅音部位。在实际测量中，舌根音的音轨存在不确定性，很难归纳出确定的点，这缘于舌根塞音发音部位的不确定性；发音部位越靠后，可活动的空间越大，舌根音的活动可从硬腭到软腭的后部。与前高元音结合，部位就前移；与后高元音结合，部位可后移到软腭后部。这种情况决定了舌根塞音没有确定的音轨（图 2.2）。

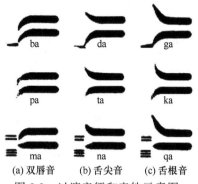

图 2.2　过渡音征和音轨示意图

资料来源：周殿福，吴宗济，1963. 普通话发音图谱. 北京：商务印书馆

2.2 语音的生理研究方法

语音生理研究是在言语病理学的基础上得到长足发展的。随着生理医学仪器技术的不断提高，语言学家能够在对人体无侵害的情况下研究、讨论语音发音的生理特点，这无疑是实验语音学的一大飞跃。本书使用的生理仪器为 EGG 和 EPG，本部分主要介绍 EGG 和 EPG 的工作原理、综述嗓音发声研究和动态腭位研究的现状。

2.2.1 嗓音发声研究

EGG 是能够实时记录发声过程中声带振动的模式，并在言语产生和言语病理学研究中得到广泛的应用。EGG 的工作原理在于将一对电子感应片（一般使用黄金贴片）分别固定在喉头两侧，电流经过一个感应片至另一个感应片。正常呼吸中声门的腔体充满空气，而空气是一种电流不易通过的媒介。当声门打开时声腔里的空气增多，两个电极之间的阻抗值上升；当声门关闭时声腔里的空气减少，两个电极之间的阻抗值则随之下降。声带张合并不是单一的机械运动，经过的电流不仅只通过声带，还会流向其他生理器官。其结果是，声带张合时阻抗值存在一定差异，必然需要 EGG 将喉头周围的干扰信号最小化，同时将声门信号以最大化来呈现。

Baken 和 Orlikoff（2000）提出声门波形与声带张合各阶段的关系，如声门张合包括四个生理阶段。第一阶段：声带最小接触段（图 2.3 中 1），该段是声带闭合起始段，此时声门气流最大；第二阶段：声带开始接触段，这时阻抗急剧下降（图 2.3 中 2）；第三阶段：声带最大接触段，也是声带闭合阶段（图 2.3 中 3）；第四阶段：声带分离段，声带振动周期结束（图 2.3 中 4）。

从与声门波形对应情况来看，图 2.3 中 a 为声带接触的开端，Fourcin（1981）认为声带接触往往始于两侧声带之间的黏液瞬时接触，其结果迅速产生声门接触。

图 2.3 中 a—b 为声带下端持续接触至两侧声带保持平行状态，随后完成声带下端全部接触动作；b 为声带上端开始接触；b—c 是声带上端的前后全部接触，此阶段完成声门的关闭动作。

图 2.3 中 c 为声带的最大接触，即接触段结束；c—d 为声带接触面积最大，即声门面积最小。

图 2.3 中 d 为声带下端开始分离，即分离段开始；d—e 是声带下端继续分离；e 是声带下端分离完成，声带上端开始分离，分离方向为从后到前；e—f 为声带上端继续分离，此阶段声门张开，声门的长度和宽度持续增加；f 为声带接触面积最小，此阶段声门长度为最长。

图 2.3 中 f—a 阶段声门宽度先增加后减少，但是在声门波形图中未看到声带接触面积的显著变化。这说明，在声带不接触阶段，从声门波形图上无法看到声带运动的相关信息。

下面来看声门波形图参数提取方法。声带振动的过程是指声带处

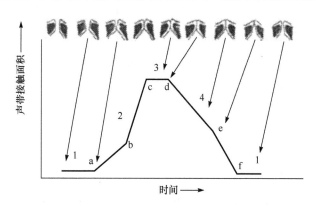

图 2.3　声门波形和声带张合关系图

资料来源：Baken R J, Orlikoff R F, 2000. Clinical Measurement of Speech and Voice. New York: Delmar Learning

于接触和不接触的状态，在声带闭合时形成的巨大电阻，通过对该信号的分析可以得到声带的振动情况。声门波形图参数有基频、开商和速度商。图 2.4 为正常嗓音的波形示意图。X 轴是时间，Y 轴是声带接触面积。

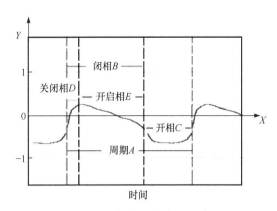

图 2.4　正常嗓音的波形示意图

注：A 是一个周期；B 是声门面积大于 0 的阶段，即闭相；C 是声门面积小于 0 的阶段，即开相；D 是闭相当中，声带接触面积逐渐增大，声门正在关闭的阶段，即关闭相；E 是闭相当中，声带接触面积逐渐减小，声门正在打开的阶段，即开启相

嗓音参数的算法如下：

基频=1/周期（单位：Hz）

开商=开相/周期（单位：%）

速度商=开启相/关闭相（单位：%）

这里速度商的定义取用于孔江平（2001）的研究。

2.2.2　动态腭位研究

EPG 实时记录发音过程中舌体与上腭的接触情况，EPG 信号不仅能反映音段的发音部位和发音过程，还能间接反映出舌面运动的特点。20 世纪 90 年代以来，EPG 在言语产生和言语病理研究领域得到广泛的应用，对揭示各民族语言发音器官的控制机制具有一定的研究价值。

2.2.2.1 假腭设计和制作

本书使用的腭位仪是由 Articulate Instrument（可视化语音仪器和软件）公司推出的 WinEPG 系统，其假腭是由雷丁大学设计的，所以也叫雷丁假腭。雷丁假腭包括从门齿根部到硬腭、软腭的交界线附近的区域，不包括上颌牙齿。制作假腭首先要获取发音人的硬腭与上齿的咬合石膏模型，然后将丙烯酸基材压制在牙模上，并根据电极分布方案在基材表面嵌入电极及连接电极的线路。雷丁假腭使用 62 个电极，根据发音人硬腭的生理特征摆放电极，齿龈区域的电极分布比较密集，间距在 3 mm 以下；硬腭区域的电极分布相对稀疏些，间距为3—4 mm。最后一行电极位于硬腭与软腭分界线前 1—2 mm 的位置。雷丁假腭使用直径为 1.4 mm 的银质电极，电极大小和导电性相关，电极越大，导电性能越好。

下面，笔者将介绍本书中所使用的雷丁假腭（图 2.5（a））。其电极分布为横向 8 行，纵向 8 列。第 1 行有 6 个电极，位于距离门齿根部 2 mm 左右，与两侧犬齿平行；第 2—8 行有 8 个电极；第 8 行电极位于软硬腭交界线附近，与两侧第二臼齿平行。前 4 行电极的间距为2 mm 左右，分布在齿龈和齿龈后区域，后 4 行电极的间距为 4 mm 左右，分布在硬腭区域。依据假腭的形状，笔者将 8 行电极进行了分区：第 1 行为齿区，位于门牙内侧；第 2 行为前齿龈区；第 3、4 行为后齿龈区；第 5—7 行为硬腭区，也是整个上腭隆起最高的部分；第 8 行为软腭区，软腭位于硬腭以后，假腭不能完全覆盖，因此假腭不能（或不能完全）记录双唇音、唇齿音和舌根音的发音部位的接触。

图 2.5（b）是为方便统计画出的电极行列分布示意图，但该图未能体现电极分布的疏密程度。电极的 8 行由上到下依次为 R1、R2……R8；各行的电极数分别为 6、8、8、8、8、8、8、8；纵向上，

从两边到中间依次定义为 C1、C2、C3、C4。本书用电极的行数和列数来标记其位置，R*n* 表示电极所在行数，C*n* 表示电极所在列数。如 R1/C7 电极表示位于第一排第七列位置上的电极。

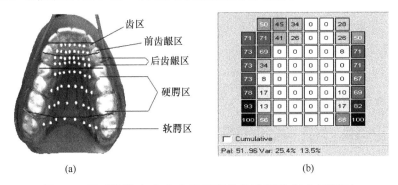

（a）　　　　　　　　　　　　　　　　　（b）

图 2.5　雷丁假腭（a）和电极行列分布示意图（b）（截图）

2.2.2.2　WinEPG 系统构成和工作原理

WinEPG 动态电子腭位系统是基于 Windows 系统环境的腭位信号采集和分析的平台。WinEPG 的硬件包括串行通信接口（serial port interface）、腭位扫描仪（EPG3 scanner）、多路复用器（multiplexer）、铬制手柄（chrome handgrip）、转换器（medical isolation transformer）和假腭（图 2.6），附带 Articulate Assistant 分析软件。

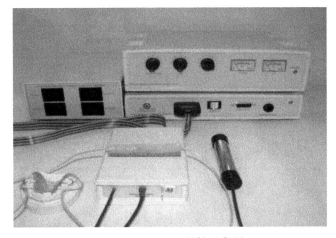

图 2.6　WinEPG 硬件示意图

WinEPG 硬件系统的多路复用器连接铬制手柄、腭位扫描仪和假腭 3 个部件。铬制手柄其实是一个电极,上面有一定的电压,一旦舌面接触到假腭上的某个电极,电流回路就会接通,信号就会传送到多路复用器,然后由多路复用器对信号缓存放大后发送到腭位扫描仪进行处理。多路复用器一次扫描 4 个电极,扫描 62 个电极需要 3.2 ms,扫描后的信号输送至腭位扫描仪,腭位扫描仪每 10 ms 记录一帧腭位信息。串行通信接口为腭位扫描仪提供电源,并根据电脑指令来控制腭位扫描仪。串行通信接口通过 USB 线将信号传送到 Articulate Assistant 分析软件(图 2.7),Articulate Assistant 分析软件可以实时监控和显示录音过程。Articulate Assistant 分析软件还可以设置录制每个词条所使用的时间。时间一到,软件就会自动跳转到下一词条,并把录制好的 EPG 信号和语音信号在指定的文件夹里存入两个同名文件,EPG 信号的扩展名为.EPG,语音信号的扩展名为.wav。分析软件还可以回放已录好的文件,并能够计算相关腭位参数。

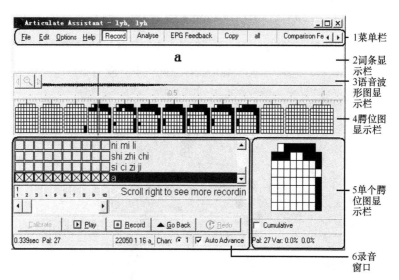

图 2.7　Articulate Assistant 分析软件的界面(截图)

2.3　参　数　定　义

本书使用到的参数有三大类，包括声学参数、嗓音参数和腭位参数。为了全面、系统地描述蒙古语阿拉善话语音的声学特征和生理特征，笔者选择能够体现该语言语音特色的各类参数。

2.3.1　声学参数

声学参数包括三个共振峰（F1、F2、F3）、音长和音强、无声段长度、嗓音起始时间、过渡音征等参数。

共振峰：指声道的共鸣频率，就元音来说，头三个共振峰对元音音色有质的规定性，尤其是头两个共振峰。F1 反映舌位的高低，F2 反映舌位的前后，F3 反映唇的圆展。

音长：反映语音发声的延续长度，针对长短元音进行声学分析。

音强：反映语音的能量和响度。

无声段长度：塞音和塞擦音的标志，可以量化成塞的程度。

嗓音起始时间：指辅音除阻开始与元音声带颤动开始的时间过程，可以反映一个语音的发音方法，区分出清塞音、清塞擦音、清塞送气音和清塞擦送气音，是辅音声学分析最主要的参数。

过渡音征：对辅音的调音部位，特别是在听辨上对暂音的部位有决定性作用，它反映了发音器官从辅音部位转移到元音部位的运动过程。过渡音段具有和元音共振峰相似的谱型，也就是说它是一个音节中主要元音的前奏。

2.3.2　嗓音参数

本部分主要以阿拉善话的松紧元音、后接松紧元音的浊辅音为研究对象，提取其基频、开商、速度商等参数，分析阿拉善话元音、辅音的嗓音特征。

基频：在语音上反映的是时域的特征，是声带振动的基础频率，单位为 Hz，表示每秒声带振动的次数，是最常用的声学检测指标之一。男女生的嗓音差异一般都由该参数反映。

开商：指声门打开相比整个周期，在生理上表现为声带的开张度。

速度商：指声门的正在打开相比声门的正在关闭相，在生理上表现为声带的开张速度。

2.3.3 腭位参数

有研究者（Hardcastle et al.，1991；Hardcastle，Hewlett，1999）把腭位数据缩减方法分为 3 大类：发音部位描写（place of articulation measures）、动态变化指数（contact profile display）和接触指数（contact indices）。第一类方法主要用于描写不同音段在特定时间内舌腭接触情况，一般采用频率累计法来对发音特征进行描写。选取相同语音样本舌腭接触面积最大帧进行叠加，计算每个电极的接触频率。第二类方法是使用舌腭接触的某个参数在连续时间点内的变化来推算舌体运动的过程。第三类方法是将特定帧的 62 点数据缩减成为一个数据。定义这类数据依赖于对腭位电极的分区和研究目的。下面，笔者将介绍本书使用的接触指数。

（1）接触面积指数

接触面积指数包括舌腭接触最大帧的接触总面积（RCA）、齿龈接触面积（ALV）、硬腭接触面积（PAL）和软腭接触面积（VEL）。

RCA 主要用于研究语流中某个音段的发音强度，计算方法为整个假腭接触电极的个数除以 62，单位为%。

ALV 指齿龈区接触电极数与该区域总电极数的比例。齿龈区一般为假腭的第 1 到第 3 排电极，以齿龈桥为界分为齿龈前和齿龈后，单位为%。

PAL 指硬腭区接触电极数与该区总电极数的比例。硬腭区一般为假腭的第 3 到第 7 排电极，又可细分为硬腭前、硬腭和硬腭后 3 个子区，单位为%。

VEL 指软腭区接触电极数与该区域总电极数的比例。软腭区一般为假腭的第 7 到第 8 排电极，单位为%。

（2）接触面积重心

腭位接触重心（COG）表明舌腭接触是否趋中性，主要衡量接触电极在假腭前后维度上的分布情况。在辅音研究中，也以假腭中部的四列电极作为计算的基础。该指标多用于描写辅音的发音部位。本书采用的 COG 的计算公式（王建斌等，2011）如下：

$$COG = 1 - \frac{\left[\sum_{m=1}^{8}(m-0.5)\right]\left(\sum_{n=1}^{8}C_{m,n}W_{m,n}\right)}{8\sum_{m=1}^{8}\left(\sum_{n=1}^{8}C_{m,n}W_{m,n}\right)} \tag{2.1}$$

（3）接触电极分布指数

Fontdevila 等（1994）认为 COG 指数只能粗略地估计电极接触的分布。他提出，使用前向接触指数（CA）、聚中性指数（CC）和后向接触指数（CP）能够更精确地表示接触电极的分布特征。另外，李俭和郑玉玲（2003）、平悦铃（2005）等学者将 Fontdevila 等的 3 个参数用于 KAY Palatometer 96 点的电子假腭。这 3 个参数的优点在于通过指数值能够判断接触电极的行数及该接触行的点数。

CA 反映辅音舌位的趋前性即舌位前后的变化，数值越大说明舌位越靠前。CA 的计算公式如下：

$$CA = \log[1\times(R8/8)+9\times(R7/8)+81\times(R6/8)+729\times(R5/8)+6567\times(R4/8)$$
$$+59049\times(R3/8)+531441\times(R3/8)+3587227$$
$$\times(R1/6)]/\log(4185105)$$

（2.2）

CP 的计算公式如下：

$$CP=\log[1\times(R1/6+1)+9\times(R2/8)+81\times(R3/8)+729\times(R4/8)+6567\times(R5/8)$$
$$+59049\times(R6/8)+531441\times(R7/8)+3587227$$
$$\times(R8/8)]/\log(4185105)$$

（2.3）

CC 值反映辅音舌位的趋中性，即舌位高低的变化，数值越大，说明舌面抬得越高。CC 的计算公式如下：

$$CC=\log[1\times((C1+C8)/14)+17\times((C2+C7)/16)+289\times((C3+C6)/16)$$
$$+4913\times((C4+C5)/16)+1]/\log(5220+1)$$

（2.4）

2.4　实验介绍

2.4.1　语料设计

蒙古语阿拉善话的音位体系包括 22 个元音（其中短元音 9 个、长元音 10 个、复合元音 3 个）、21 个基本辅音。元音和谐律及辅音结合律也具有一定的规律性。

1）单元音包括短元音和长元音。①短元音包括[ɑ]、[e]、[i]、[ɪ]、[ɔ]、[ʊ]、[ɵ]、[ʉ]、[æ]，共 9 个。选择短元音发音样本时，考虑了以每个元音在词首和非词首音节位置出现的词（其中短元音[æ]一般不出现在非词首音节里，因而未考虑），每个元音选相应的 5 个词。②长元音包括[ɑː]、[eː]、[iː]、[ɪː]、[ɔː]、[ʊː]、[ɵː]、[ʉː]、[æː]、[œː]，共 10 个。选择长元音发音样本时，同样考虑其元音在词首和非词首音节位置出现的词，由于阿拉善话中包含元音[iː]和[ɪː]的词为数不多，因而尽量选择多的样本，其余的元音选相应的 5 个词，共计 176 个语音样本。

2）复合元音包括[ʋɑ:]、[ɥæ:]、[ɥe:]，共 3 个，每个元音选相应的 5 个词。

3）单辅音包括[n]、[p]、[pʰ]、[x]、[kʰ]、[k]、[ɢ]、[m]、[l]、[s]、[ʃ]、[t]、[tʰ]、[tʃʰ]、[tsʰ]、[tʃ]、[ts]、[j]、[r]、[ŋ]、[w]，共 21 个。选择发音样本时，考虑了以每个辅音在词首和非词首位置出现的情况，其中非词首又分为词中和词尾。阿拉善话基本词汇中辅音[pʰ]一般是出现在词首音节内而未考虑非词首音节的。辅音[ŋ]和[w]一般不出现在词首位置，因而未考虑。书面语的辅音[tʃʰ]和[tʃ]在阿拉善话中分别为[tʃʰ]、[tsʰ]和[tʃ]、[ts]，因而选相应的 9 个词（除词尾 6 个词外）。辅音[x]与[kʰ]、[ɢ]与[k]在阿拉善话中有分化的现象（就是说阳性词中一般是[x]和[ɢ]，阴性词中是[kʰ]和[k]），所以选词时分别选与阴性词、阳性词相应的词。其余的每个辅音以后接元音[ɑ]、[i]、[ɔ]的组成方式选相应的 3 个词，共计 189 个语音样本（如元音[ɑ]的部分语料见表 2.1）。

表 2.1　元音[ɑ]的部分语料

词首			非词首		
蒙古文	国际音标	汉义	蒙古文	国际音标	汉义
ᠠᠬᠠ	[ax]	哥哥	ᠠᠯᠲᠠᠷ	[altar]	名誉
ᠠᠯᠲᠠ	[altʰ]	黄金	ᠠᠵᠢᠯᠯᠠᠬᠤ	[atʃillax]	工作
ᠠᠳᠤᠭᠤ	[atʋʊ]	牲畜	ᠠᠷᠰᠯᠠᠨ	[arslan]	狮子
ᠠᠷᠪᠠᠨ	[arap]	十	ᠠᠮᠰᠠᠬᠤ	[amsax]	尝
ᠠᠰᠠᠷ	[asar]	高楼	ᠨᠠᠭᠠᠳᠠᠬᠤ	[naatax]	玩

4）在阿拉善话中音节内复辅音的前置音有 8 个，包括[ŋ]、[m]、[n]、[k]、[r]、[l]、[p]、[j]；后置音有 9 个，包括[tʰ]、[t]、[tʃʰ]、[tʃ]、[tsʰ]、[ts]、[s]、[ʃ]、[k]。这样一来，就共有 72 种复辅音组合方式。

实际语言中共有 61 种，每一组找 2 个例词，共计 122 个语音样本（表 2.2）。

表 2.2　复辅音的部分词表

项目			前置音							
			[ŋ]	[m]	[n]	[k]	[r]	[l]	[p]	[j]
后置音	[tʰ]	国际音标	[tsʰaŋtʰ]	[amtʰ]	[ʊntʰ]	[nɔktʰ]	[ertʰ]	[altʰ]	[neptʰ]	[pejtʰ]
		蒙古文	ᠲᠠᠩᠲ	ᠠᠮᠲ	ᠤᠨᠲ	ᠨᠣᠺᠲ	ᠡᠷᠲ	ᠠᠯᠲ	ᠨᠡᠫᠲ	ᠫᠧᠵᠲ
		汉义	挂霜	味道	睡觉	马嚼子	早	黄金	渗透	实体
	[t]	国际音标	[tsaŋt]	[namt]	[ent]	[nɔ:kt]	[ort]	[alt]	[tsapt]	[ɥjt]
		蒙古文	ᠲᠠᠩᠲ	ᠠᠮᠲ	ᠡᠨᠲ	ᠨᠣᠺᠲ	ᠣᠷᠲ	ᠠᠯᠲ	ᠲᠠᠫᠲ	ᠤᠵᠲ
		汉义	发火	平息	这里	整除	宫殿	一步	趁	音节的
	[tʃʰ]	国际音标	[aŋtʃʰ]	[emtʃʰ]	[gantʃʰ]	[ektʃʰ]	[kertʃʰ]	[eltʃʰ]	[xøptʃʰ]	[—]
		蒙古文	ᠠᠩᠴ	ᠡᠮᠴ	ᠭᠠᠨᠴ	ᠡᠺᠴ	ᠺᠧᠷᠴ	ᠡᠯᠴ	ᠬᠥᠫᠴ	—
		汉义	猎人	医生	单个	直	证据	使者	苔	—
	[tʃ]	国际音标	[maŋtʃ]	[temtʃ]	[ʃintʃ]	[pøktʃ]	[kartʃ]	[a:ltʃ]	[tsæptʃ]	[ɔjtʃ]
		蒙古文	ᠮᠠᠩᠴ	ᠲᠧᠮᠴ	ᠰᠢᠨᠴ	ᠫᠥᠺᠴ	ᠺᠠᠷᠴ	ᠠᠯᠴ	ᠲᠠᠫᠴ	ᠣᠵᠴ
		汉义	茶	帮助	特征	项圈	开销	蜘蛛	嘴角	缝
	[s]	国际音标	[taŋs]	[tsæms]	[sʉns]	[xaks]	[tʉrs]	[als]	[aps]	[ajs]
		蒙古文	ᠲᠠᠩᠰ	ᠲᠠᠮᠰ	ᠰᠤᠨᠰ	ᠬᠠᠺᠰ	ᠲᠤᠷᠰ	ᠠᠯᠰ	ᠠᠫᠰ	ᠠᠵᠰ
		汉义	账本	水果	灵魂	一半	形象	遥远	棺材	曲调
	[ʃ]	国际音标	[xaŋʃ]	[kemʃ]	[tsʉnʃ]	[pakʃ]	[xørʃ]	[pʊlʃ]	[lɔpʃ]	[—]
		蒙古文	ᠬᠠᠩᠰ	ᠺᠧᠮᠰ	ᠲᠤᠨᠰ	ᠫᠠᠺᠰ	ᠬᠥᠷᠰ	ᠫᠤᠯᠰ	ᠯᠣᠫᠰ	—
		汉义	清明	后悔	向东	老师	邻居	坟墓	垃圾	—

注："—"表示无对应，下同

2.4.2　发音合作人

发音合作人包括 2 男 2 女共 4 位。在选择发音人时充分考虑了能够代表阿拉善话语音特点、发音纯正、无嗓音疾病的合作人，并在性别上和年龄上进行了平衡。

M1，51 岁，内蒙古阿拉善盟左旗人，教师，大学文化，声音淳厚，喉结突出，适合采集嗓音信号。

M2，35 岁，内蒙古阿拉善盟左旗人，公务员，大专文化，发音纯正。

F1，22 岁，内蒙古阿拉善盟左旗人，大一学生，发音清晰。

F2，56 岁，内蒙古阿拉善盟左旗人，牧民，小学文化，发音纯正、地道。

研究采集了 4 位发音合作人的声学信号、嗓音信号和腭位信号。本书使用了其中 2 位发音人的语音材料，其余 2 位的语音材料作为参考并予以补充准备。

2.4.3　录音及切分

1）录音地点。录音地点为西北民族大学专业语音室（图 2.8）。该套房式的语音录音室四周墙体及顶面采用金属隔声——吸声板，能够达到吸声系数、混响时间及隔声量等声学指标。整间套房式的语音室包括录音室和监控室，录音室内仅有录音人可以进入，室内配备了用于信号及图像采集的各种硬件设备；录音室内还安装了双层钢化玻璃隔声窗，能够四周吸声、隔声，用于实时监控和观察。

(a) 监控室　　　　　　　　　　　(b) 录音室

图 2.8　西北民族大学专业语音室内部

2）录音设备。录音软件有 Multi-speech 3700，采集设备有美国 KAY 公司的 EGG、英国 Articulate Instruments 公司的 WinEPG 及蒙古语男性电子假腭。

3）采集信号。有语音信号、EGG 信号（采样频率为 22 050 Hz，采样精度为 16 位。数据为 NSP 格式，该格式数据可通过 KAY 公司的 Multi-speech3700 软件读取）和 EPG 信号（EPG 以 20 K/s 的速度实时采集信号，每一帧 62 个数据，采样频率为 100 Hz）。

4）录音结束后需要进行音段的切分。首先，使用 Audition 软件对录音进行初步的切分；其次，根据蒙古语的发音特点及语音信号的表现形式对录音数据进行切分；最后，对切分后的词采用拉丁转写的方法以扩展名为 NSP 格式文件分别进行命名、保存。其中语音文件命名采用分层描述的方法，各层代码是笔者制定的。命名层级为：方言点+发音人+语音类型+音节位置+音标+字号+发音次序码。

具体描述的表示方法如下：

方言点指蒙古语阿拉善话，以字母"als"表示。

发音人的表示。"m"表示男性，"m1""m2"分别代表发音人男 1、男 2，"f"表示女性，"f1""f2"分别代表发音人女 1、女 2。

语音类型的表示。短元音用"sv"表示；长元音用"lv"表示；辅音用"c"表示；简单句用"s"表示。

位置是指该音在音节中的位置。元音是以第一音节为 L1，第二音节为 L2，第三音节为 L3 表示，依次类推；辅音是以词首为 L1，词中为 L2，词尾为 L3 表示。

音标及序号的表示。音标是与元音、辅音的国际音标对应的字母（表 2.3）；序号是在前期准备发音字表时为每个发音内容预定的编号，从数字 1 开始，依次递增；另外在命名辅音的语音文件时也要给其后接元音作标注。

发音次序码的表示。同样发音内容读 2 遍，第 1 遍序号为 1，第 2 遍序号为 2。

根据以上规则，文件名 als_m1_sv_L1_a1_1 表示阿拉善蒙古语男 1 语音类型为短元音在第一音节处的包含 a 元音的第一个字的第 1 遍发音；文件名 als_m1_c_L1_na1_1 表示阿拉善话男 1 语音类型为辅音在词首处的包含 n 辅音+后接元音为 a 的第一个字的第 1 遍发音。

表 2.3　蒙古语阿拉善话元音、辅音国际音标对应字母表

元音		辅音			
国际音标	对应的字母	国际音标	对应的字母	国际音标	对应的字母
[ɑ]	a	[n]	n	[t]	t
[e]	e	[p]	p	[tʰ]	t_h
[i]	i	[pʰ]	p_h	[ʧ]	tS
[ɪ]	i-	[x]	x	[ʧʰ]	tS_h
[ɔ]	c	[kʰ]	k	[ts]	dz
[ʊ]	v	[k]	g	[tsʰ]	ts
[θ]	o	[ɢ]	G	[j]	j
[u]	u	[m]	m	[r]	r
[æ]	ae	[l]	l	[ŋ]	n'
[œ]	oe	[s]	s	[w]	w
—	—	[ʃ]	S	—	—

2.4.4　建立阿拉善话语音数据库

数据库结构包括文本库、元音参数库和辅音参数库。

1）文本库结构（表 2.4），包括词表序号、索引库编号、（蒙古）文字书写、拉丁转写、汉义、国际音标（international phonetic alphabet，IPA）读音、音节数、音节类型、词性、元音类型、辅音类型 11 个字段。

表 2.4　文本库结构

词表序号	索引库编号	（蒙古）文字书写	拉丁转写	汉义	IPA读音	音节数	音节类型	词性	元音类型	辅音类型
A001	ALSM2A001		aq-a	哥哥	ɑx	1	vc	动	SV	SC
A002	ALSM2A002		ang	狩猎	ɑŋ	1	vc	动	SV	SC
A003	ALSM2A003		aru	后面	ɑr	1	vc	代	SV	SC
A004	ALSM2A004		ada	贬低	ɑt	1	vc	名	SV	SC
A005	ALSM2A005		ay-a	音调	ɑj	1	vc	副	SV	SC
A006	ALSM2A006		ene	这个	en	1	vc	名	SV	SC
A007	ALSM2A007		eke	母亲	ekʰ	1	vc	名	SV	SC
A008	ALSM2A008		em	药	em	1	vc	名	SV	SC
A009	ALSM2A009		er-e	雄性	er	1	vc	名	SV	SC
A010	ALSM2A010		eng	一般	eŋ	1	vc	名	SV	SC
A011	ALSM2A011		im	耳记	im	1	vc	动	SV	SC
A012	ALSM2A012		ir	刀刃	ir	1	vc	名	SV	SC
A013	ALSM2A013		ile	明显的	il	1	vc	名	SV	SC
A014	ALSM2A014		ide	吃	it	1	vc	动	SV	SC
A015	ALSM2A015		iji	全套的	iʃ	1	vc	名	SV	SC
A016	ALSM2A016		oro	床铺	ɔr	1	vc	动	SV	SC
A017	ALSM2A017		oqi	精华	ɔx	1	vc	名	SV	SC
A018	ALSM2A018		odo	星星	ɔt	1	vc	名	SV	SC
A019	ALSM2A019		oyo-	缝	ɔj	1	vc	名	SV	SC
A020	ALSM2A020		ob	计谋	ɔb	1	vc	动	SV	SC

2）参数库结构（表 2.5），包括 13 个功能性字段和 23 个语音特征字段。13 个功能性字段包括序号（No.）、词序号（WNo.）、样本名（FN）、词的读音（WP）、音节个数（SN）、音节读音（S）、音节类型（ST）、音节位置（SL）、词时长（WD）、音节时长（SD）、音素读音（P）、发声类型（PT）、音素序号（PNo.）。23 个语音特征字段是指之

前设置的声学和腭位参数。

表 2.5　参数库结构

FN	WP	WD	SN	SL	ST	S	SD	P	GAP	VOT	CD	CA	CF1	CF2	CF3	CF4	CF5
als_m2_c_L1_b1_1	pakS@	0.54	2	1	10	p6k	0.24	p		0.05		57	1117	1982	3110	4044	
als_m2_c_L1_b1_1	pakS@	0.54	2	1	10	p6k	0.24	6									
als_m2_c_L1_b1_1	pakS@	0.54	2	1	10	p6k	0.24	k	−0.3	0.34	0.07	54	1235	1415	2817	4058	
als_m2_c_L1_b1_1	pakS@	0.54	2	9	8	S@	0.3	S			0.15	53	917	2040	2749	4028	4639
als_m2_c_L1_b1_1	pakS@	0.54	2	9	8	S@	0.3	@									
als_m2_c_L1_b2_1	pitS_h	0.48	1	1	99	pitS_h	0.48	p		0.01		60	356	2237	2333	3789	
als_m2_c_L1_b2_1	pitS_h	0.48	1	1	99	pitS_h	0.48	i									
als_m2_c_L1_b2_1	pitS_h	0.48	1	1	99	pitS_h	0.48	tS_h			0.2	52	560	2135	2889	4002	4543
als_m2_c_L1_b2_1	pitS_h	0.48	1	1	99	pitS_h	0.48	@									
als_m2_c_L1_b3_1	pOr	0.5	1	1	99	pOr	0.5	p		0.01		58	507	750	2442	3747	
als_m2_c_L1_b3_1	pOr	0.5	1	1	99	pOr	0.5	O									
als_m2_c_L1_b3_1	pOr	0.5	1	1	99	pOr	0.5	r			0.05	61					
als_m2_c_L1_b3_1	pOr	0.5	1	1	99	pOr	0.5	@									

第 3 章
阿拉善话语音声学研究

　　蒙古语阿拉善话是内蒙古方言的次方言之一，也称阿拉善额济纳方言。阿拉善话在社会经济发展和历史演变过程中由于地域环境、语言接触、人口流动等语言外部因素的影响，有着自己独特的语音特征。它不仅影响着周边地区方言的语音特色，也同样受到其他方言的影响，如额济纳旗和阿拉善左旗北部地区受喀尔喀方言的影响较大，而东北部地区受鄂尔多斯方言的影响较显著（敖云那生，2012）。这也使得阿拉善话的语言特征表现出中间性的特色。阿拉善左旗地区的语音表现为兼有卫拉特方言和鄂尔多斯方言的特征，而额济纳地区的语音则表现为卫拉特、喀尔喀、内蒙古方言的中间特征（斯琴巴特尔，2005）。由此可见，在历史演变进程中，阿拉善话语音必定保持着自己特有的音色特点。下面，笔者将通过声学分析来看阿拉善话各音段的声学表现和发音生理特征。本章主要讨论蒙古语阿拉善话概况及元音声学特征和辅音声学特征。

3.1 蒙古语阿拉善话概况

阿拉善盟位于内蒙古自治区最西部，有蒙古族、汉族、回族等28 个民族。阿拉善盟下设阿拉善左旗、阿拉善右旗、额济纳旗等旗区。2010 年第六次全国人口普查统计结果显示，阿拉善盟常住人口为 231 334 人。其中，汉族人口为 172 466 人，占全盟人口的 74.55%；蒙古族人口为 44 635 人，占全盟人口的 19.30%；其他少数民族人口为 14 233 人，占全盟人口的 6.15%。[①]

从 20 世纪初开始,各国语言学家对蒙古语及蒙古语族语言进行了调查分类，但由于地域、交通不便利、人员限制等因素并没有梳理清楚蒙古语及语族、语言之间的关系，也可以说仅是探索阶段。而后在1955 年和 1981 年两次大规模、全国性语言调查之后，学者提出了国内蒙古语各方言的分类意见，认为国内蒙古语分为卫拉特方言、巴尔虎布里亚特方言和内蒙古方言三大类。其中，阿拉善额济纳话属于内蒙古方言的次方言（清格尔泰，1979；内蒙古大学蒙古学学院蒙古语文研究所，2005）。

自 1955 年和 1981 年的两次语言调查至今，有关阿拉善话音位体系、语法、词汇、修辞等方面的研究取得了一定的成就。但对于阿拉善话音位体系归纳、元音音色及辅音格局等问题，学者则各持己见。现将各学者的意见整合为表 3.1。

---

① 数据来源参见 http://inews.nmgnews.com.cn/system/2011/05/27/010600264.shtml.

表 3.1　阿拉善话音位体系归纳、元音音色及辅音格局等意见整合表

项目		纳·格日勒图（1986a，1991，2011）	宋如布（1985）	扎·巴图格日勒（1985b，1986）	贾拉森（2004）	孟根图娅（2007）
基本元音	短元音	[a]，[e]，[i]，[ɔ]，[ʊ]，[ø]，[y]	[ɑ]，[e]，[i]，[ɔ]，[ɯ]，[ø]，[y]	[ɑ]，[e]，[i]，[ɪ]，[ɔ]，[ɯ]，[ø]，[y]	[a]，[ɔ]，[ʊ]，[e]，[ø]，[ʏ]，[ɪ]，[i]，[æ]	[a]，[e]，[i]，[ɔ]，[ʊ]，[ø]，[y]，[æ]
	长元音	[aː]，[ɔː]，[iː]，[ɔː]，[øː]，[ʏː]	[ɑː]，[eː]，[iː]，[ɔː]，[ɯː]，[øː]，[yː]	[ɑː]，[eː]，[iː]，[iː]，[ɔː]，[ɯː]，[øː]，[yː]	[aː]，[ɔː]，[ʊː]，[eː]，[øː]，[ʏː]，[ɪː]，[iː]，[æː]	[aː]，[eː]，[iː]，[ɔː]，[ʊː]，[øː]，[yː]，[æː]
前化元音	短元音	[æ]，[œ]，[ʏ]				
	长元音	[æː]，[œː]，[eː]		[æː]，[øː]，[yː]		
复合元音		[ʊiː]，[ʊɐː]，[yeː]—[yæː]	[ʊiː]，[ʊɐː]，[yeː]—[yæː]	[ae]，[ɔe]，[ʊi]，[yi]，[ɯa]	[ɔiː]，[ʊiː]，[ʊɑː]	[ɔi]，[ʊi]，[ʊɑ]，[ye]—[yæ]
基本辅音		[n]，[ŋ]，[b]，[p]，[χ]，[k]，[ɢ]，[g]，[l]，[m]，[s]，[ʃ]，[t]，[d]，[ʧ]，[ts]，[dʒ]，[dz]，[j]，[r]，[w]（21 个）	[n]，[ŋ]，[b]，[p]，[χ]，[k]，[ɢ]，[g]，[l]，[m]，[s]，[ʃ]，[t]，[d]，[ʧ]，[ts]，[dʒ]，[dz]，[j]，[r]，[w]（21 个）	[b]（[w]），[p]，[m]，[n]，[r]，[l]，[d]，[t]，[s]，[dz]，[dʒ]，[ts]，[ʧ]，[ʃ]，[j]，[ɢ]（[g]），[x]（[k]），[ŋ]（18 个）	[n]，[b]，[p]，[x]，[k]，[ɢ]，[m]，[l]，[s]，[ʃ]，[t]，[d]，[ʧ]，[ts]，[dʒ]，[dz]，[j]，[r]，[w]，[ŋ]（20 个）	[n]，[b]，[p]，[x]，[k]，[ɢ]，[g]，[m]，[l]，[s]，[ʃ]，[t]，[d]，[ʧ]，[ts]，[dʒ]，[dz]，[j]，[r]，[w]，[ŋ]（21 个）
腭化辅音		[nʲ]，[lʲ]，[tʲ]，[dʲ]，[rʲ]，[wʲ]	[nʲ]，[lʲ]，[tʲ]，[dʲ]，[rʲ]，[wʲ]		[nʲ]，[tʲ]，[dʲ]，[lʲ]	[nʲ]，[lʲ]，[tʲ]，[dʲ]，[rʲ]
借词辅音				[f]，[ɬ]，[k]，[h]		[f]，[ɬ]，[dz]，[tʂ]，[z]
复辅音		前置辅音[ŋ]，[m]，[n]，[g]，[l]，[r]，[b]，[j]；后置辅音[t]，[d]，[ʧ]，[ts]，[dʒ]，[dz]，[ʃ]，[k]	前置辅音[ŋ]，[m]，[n]，[g]，[l]，[r]，[b]，[j]；后置辅音[t]，[d]，[ʧ]，[ts]，[dʒ]，[dz]，[ʃ]，[k]			音节末前置辅音[ŋ]，[m]，[n]，[g]，[l]，[r]，[b]（[w]），[j]；音节末后置辅音[t]，[d]，[ʧ]，[ts]，[dʒ]，[dz]，[ʃ]，[k]

注：为了行文方便，文中所使用的音标是蒙古语中统一使用的音标；带有小括号的为变体

从表 3.1 中可以看出，各位学者在对基本元音的认识上有以下两方面的不同观点：其一，阿拉善话中是否有紧元音[ɪ]；其二，阿拉善话中的元音[æ]的归属问题，即其是划分到基本元音音位还是其只是

前化元音。

第一种观点认为阿拉善话中有紧元音[ɪ]，且元音[æ]属于基本元音音位范畴（贾拉森，2004；白音朝克图，2007；斯琴巴特尔，2005）；第二种观点认为阿拉善话中有紧元音[ɪ]，且元音[æ]属于前化元音（扎·巴图格日勒，1989）；第三种观点认为阿拉善话中元音[æ]属于基本元音音位，然而没有紧元音[ɪ]（瓦·斯钦，1998；孟根图娅，2007）。就前化元音而言，元音[æ]、[œ]、[ɣ]为在词中元音[ɑ]、[ɔ]、[ʊ]受下一音节中元音[i]舌位影响而产生的前化元音（纳·格日勒图，1985；扎·巴图格日勒，1989），而其余的学者则认为这些前化元音可以看作阿拉善话基本元音音位（宋如布，1985；贾拉森，2004；孟根图娅，2007）。就二合元音而言，各学者对[ʊi:]、[ʊɐ:]为二合元音的看法一致。

表 3.1 中各位学者对基本辅音的不同观点在于/w/、/k/、/kʰ/辅音是音位还是[b]、[ɢ]、[x]的变体问题。笔者认为，/w/、/k/、/kʰ/为区别意义的辅音音位，与大部分学者的意见一致（纳·格日勒图，1985；扎·巴图格日勒，1989；孟根图娅，2007）。关于腭化辅音，阿拉善话中有[nʲ]、[lʲ]、[tʲ]、[dʲ]、[rʲ]、[wʲ]6 个（纳·格日勒图，1991），扎·巴图格日勒认为[r]、[w]没有腭化，而孟根图娅则认为除了[wʲ]没有腭化外，有 5 个腭化辅音。从借词辅音来看，扎·巴图格日勒认为有[f]、[ɬ]、[k]、[h] 4 个，而孟根图娅的结论为有[f]、[ɬ]、[dʑ]、[tʂ]、[z] 5 个，认为汉语借词在现代阿拉善话中占的比例较高。各学者对于复辅音的前置辅音和后置辅音的意见一致。

除此之外，学者对于阿拉善话的元音和谐律、语音变化也做了一定研究。第一，元音和谐。纳·格日勒图（1991）提出以舌位为基础的元音和谐律，即前松性元音后续音节可以接前松性元音，后紧性元音后续音节可以接后紧性元音；由扎·巴图格日勒（1985b）、贾拉森（2004）认为前元音能在同一词里出现，后元音也能在同一词里出现，但前后元音不能混淆出现在同一词里；除此之外，还有基于开口度和以唇形圆展为基础的和谐律。第二，语流音变。有学者对阿拉善话较有特色的几对辅音[p]/[β]、[x]/[kʰ]、[ɢ]/[ʁ]/[ɣ]、[ts]/[ʧ]、[tsʰ]/[ʧʰ]的出现条件、发音部位和发音方法进行了阐述（斯琴毕力格，1982），并分析、讨论了该方言在语流中的语音同化、异化、语音增音和脱落，以及语音历史演变等现象（扎·巴图格日勒，1989）。

从阿拉善话语音声学分析结果来看，有学者从元音在不同音节结构的位置条件下分析其音色特征，认为元音[ɐ]、[ɵ]为央元音，元音[u]为后元音，其余元音的发音特征与传统语言学的结果一致，并提出阿拉善话独立元音之间有着较为严谨的松紧和谐，但独立元音与依附元音和谐存在弱化现象（白梦璇，2005）。另外，中央民族大学的博士研究生敖云那生（2012a）对阿拉善话元音和辅音音位及变体进行统计分析，根据 gap 值和 VOT 值拟合阿拉善话辅音的声学格局。

3.2　元音声学特征

从声学理论来看，元音的产生过程可分为三个部分：声源、共鸣及辐射。声源是指声带振动的频率特征，体现其发声音质的特性；共鸣就是声道的传递特征，声源激励声道，受到声道共鸣的调制，因而形成一系列共鸣频率，即元音音质的体现；辐射，也称唇辐射，即嘴唇的辐射以每个八度增加 6dB，因而实现高频提升。通过对声道共鸣频率的测量来探讨元音音质的特征，可较客观地描述某一语言或方言的元音音位特征。就元音而言，三个共振峰对元音的音色有质的规定性，另外时长、能量、基频等能体现语音的超音段特征。本部分主要描述蒙古语阿拉善话长元音和短元音的声学特征、共振峰模式等并探讨其复合元音的性质等问题。

3.2.1　单元音

蒙古语阿拉善话的单元音可分为短元音和长元音两大类。在蒙古语中元音的长短能够区别语义,它们不仅在音段时长上有区别,发音部位也有不同。另外,蒙古语阿拉善话中元音在不同的音节位置其发音特征往往表现不同。

3.2.1.1　短元音

3.2.1.1.1　词首音节短元音

本部分采用定量和定性分析方法,对阿拉善话词首音节短元音的声学特征进行描述,并给出其分布格局。实验中发现,阿拉善话词首音节中有[ɐ]、[e]、[i]、[ɔ]、[ʊ]、[θ]、[ʉ]、[æ]8 个短元音音位。表 3.2 为两位发音人的词首音节短元音共振峰参数统计表。

表 3.2　阿拉善话词首音节短元音共振峰参数统计表

项目		[ɐ]	[e]	[i]	[ɔ]	[ʊ]	[θ]	[ʉ]	[æ]
F1/Hz	范围	551—994	322—681	191—401	459—814	261—673	283—627	277—549	506—812
	M	803.9	433.3	327.1	615.9	479.7	402.8	339.4	668.8
F2/Hz	范围	1055—1688	1522—2214	1683—2399	721—1281	699—1165	1082—1829	1097—2153	1471—1816
	M	1249.1	1920.8	2136.6	945.4	894.9	1293.6	1416.9	1640.3
音长/ms		155.7	158.3	164.9	145.7	147.9	148.1	155.2	168.3
音强/dB		67.0	71.6	69.4	68.0	68.0	70.6	71.2	70.4
音高/Hz		123.9	128.9	130.7	122.8	125.2	131.6	131.4	122.1

在表 3.2 中,从 $F1$ 的平均值来看,元音[ɐ]的频率值最大(803.9 Hz),元音[i]的频率值最小(327.1 Hz),其他元音的频率值从大到小依次为[æ]>[ɔ]>[ʊ]>[e]>[θ]>[ʉ];$F1$ 的频率与舌位的高低成反比,说明元音[ɐ]的舌位最低,元音[i]的舌位最高,其他元音的舌位从

高到低依次为[ʉ]>[ɵ]>[e]>[ʊ]>[ɔ]>[æ]。

从 F2 的平均值来看，元音[i]的频率值最大（2136.6 Hz），元音[ʊ]的频率值最小（894.9Hz），其他元音的频率值从大到小依次为[e]>[æ]>[ʉ]>[ɵ]>[ɐ]>[ɔ]；F2 的频率与舌位的前后成正比，说明元音[i]的舌位最靠前，元音[ʊ]的舌位最靠后，其他元音的舌位从前至后依次为[e]>[æ]>[ʉ]>[ɵ]>[ɐ]>[ɔ]。

另外，从阿拉善话词首音节短元音的声学格局（图 3.1）来看，其 F1 频率范围为 300—820 Hz，而 F2 的频率范围为 900—2140 Hz。其中词首音节短元音包括：①根据舌位的前后分，元音[i]、[e]、[æ]是前元音，元音[ʉ]、[ɵ]、[ɐ]是央元音，元音[ʊ]、[ɔ]是后元音；②从舌位的高低来看，元音[i]、[ʉ]、[ɵ]、[e]是高元音，元音[ʊ]是中元音，元音[ɔ]、[æ]、[ɐ]是低元音。阿拉善话词首音节短元音共振峰模式图见图 3.2。

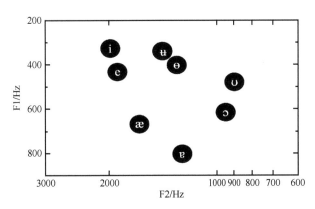

图 3.1　阿拉善话词首音节短元音的声学格局图

注：本书使用 Joos 型声学元音图，该图与元音舌位图有较好的对应关系，可以呈现各个元音的声学空间、分布区域及目标语言的元音音位体系的声学格局

3.2.1.1.2　非词首音节短元音

实验结果表明，阿拉善话非词首音节中有[ɐ]、[ə]、[ɪ]、[ɔ]、[ɵ]5

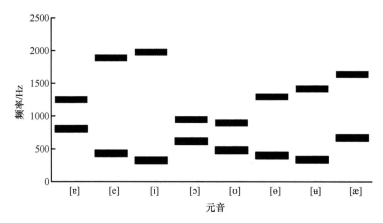

图 3.2　阿拉善话词首音节短元音共振峰模式图

个短元音音位。表 3.3 为两位发音人的非词首音节短元音共振峰参数
统计表。表 3.3 中，从非词首音节短元音的 F1 的平均值来看，元音[ʁ]
的频率值最大（658.9 Hz），元音[θ]的频率值最小（485.7 Hz），其他
元音的频率值从大到小依次为[ɔ]>[ə]>[ɪ]，说明元音[ʁ]的舌位最低，
元音[θ]的舌位最高，其他元音的舌位从高到低依次为[ɪ]>[ə]>[ɔ]。

表 3.3　阿拉善话非词首音节短元音共振峰参数统计表

项目		[ʁ]	[ə]	[ɪ]	[ɔ]	[θ]
F1/Hz	范围	435—988	217—811	376—646	371—858	393—596
	M	658.9	542.8	486.5	633.2	485.7
F2/Hz	范围	921—1698	807—2304	1023—2482	843—1427	1081—1572
	M	1235.6	1529.1	1795.6	1090.4	1341.1
音长/ms		131.5	156.2	111.0	112.9	121.4
音强/dB		71.9	69.9	70.8	67.8	73.1
音高/Hz		128.6	132.2	141.5	138.6	140.1

从 F2 的平均值来看，元音[ɪ]的频率值最大（1795.6 Hz），元音[ɔ]
的频率值最小（1090.4 Hz），其他元音的频率值从大到小依次为

[ə]>[ɵ]>[ʊ]，说明元音[ɪ]的舌位最靠前，元音[ɔ]的舌位最靠后，其他元音的舌位从前至后依次为[ə]>[ɵ]>[ʊ]。

从阿拉善话非词首音节短元音的声学格局（图 3.3）来看，其 F1 频率范围为 450—700 Hz，而 F2 的频率范围为 1000—1800 Hz。各个元音的分布较集中，其中元音[ɪ]、[ʊ]、[ɔ]、[ɵ]的分布相对密集，而元音[ə]的分布则相对分散，且包含元音[ɵ]，这是由于在二维的声学图上未能体现元音的圆展特性的元音所在。

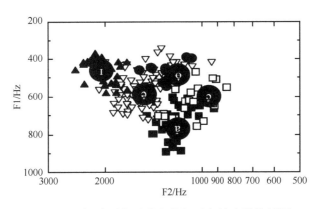

图 3.3　阿拉善话非词首音节短元音的声学格局图

3.2.1.1.3　词首音节短元音和非词首音节短元音比较

阿拉善话短元音在其音节位置上不同，其发音特点也有所不同。下面，笔者将从共振峰频率范围、音段时长、发音声学特征三方面来比较词首音节短元音和非词首音节短元音。

从共振峰频率范围来看，词首音节短元音 F1 的频率范围为 300—820 Hz，非词首音节短音节元音的 F1 频率范围为 450—700 Hz，两者之间相差 270 Hz 左右；F2 的频率范围中，词首音节短元音为 900—2140 Hz，非词首音节短元音为 1000—1800 Hz，两者相差 440 Hz 左右。从 F1、F2 频率范围得知，无论是从舌位的高低还是从其前后来看，词首音节短元音的发音音域都相对宽，而非词首音节短元音的发音音域则相对集中，且有央化的现象（图3.4）。

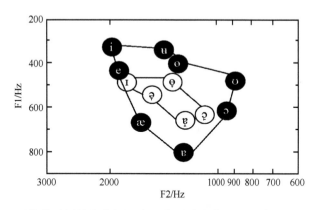

图3.4　阿拉善话词首音节短元音和非词首音节短元音声学元音对比图

从音段时长来看，词首音节短元音的时长为 145—168 ms，而非词首音节短元音的时长是 111—131 ms（除了元音[ə]的时长较长外，其时长为 156 ms）。对两类短元音的音段时长作总平均后，得知词首音节短元音的时长相对于非词首音节短元音较长（相差30 ms），且词首音节短元音的时长为非词首音节短元音的 0.8 倍。

与词首音节短元音相比，非词首音节短元音的发音声学特征表现为舌位趋中的特点。从舌位高低来看，高元音低化（[ɪ]、[ə]、[ɵ]），低元音高化（[ɐ]）；从舌位前后来看，前元音后化（[ɪ]、[ə]），后元音前化（[ɔ]）。

3.2.1.2　长元音

3.2.1.2.1　词首音节长元音

本部分采用定量和定性分析方法，对阿拉善话词首音节长元音的声学特征进行描述，并给出其分布格局。实验中发现，阿拉善话词首音节中有[ɐ:]、[e:]、[i:]、[ɔ:]、[ʊ:]、[ɵ:]、[ʉ:]、[æ:]、[œ:]9 个长元音音位。表 3.4 为两位发音人的词首音节长元音共振峰参数统计表。

表 3.4　阿拉善话词首音节长元音共振峰参数统计表

项目		[ɐ:]	[e:]	[i:]	[ɔ:]	[ʊ:]	[ɵ:]	[ʉ:]	[æ:]	[œ:]
F1/Hz	范围	664—1063	427—655	369—431	572—674	381—640	417—434	343—458	675—882	529—627
	M	874.8	558.2	397.6	630.1	515.3	426.8	398.1	752.3	580.3
F2/Hz	范围	1086—1340	1781—2020	1878—2074	735—1181	620—1612	1119—1337	831—2189	1180—1692	1375—1653
	M	1237.7	1891.6	1957.0	908.9	891.3	1197.8	1364.2	1550	1537
音长/ms		339.2	362.6	264.8	365.1	321.5	320.5	317.0	298.9	375.5
音强/dB		73.2	74.4	76.4	75.3	74.5	75.8	76.0	72.4	74.3
音高/Hz		136.6	144.3	165.2	146.0	156.0	159.8	165.4	137.9	144.3

从表 3.4 中 F1 的平均值来看，元音[ɐ:]的频率值最大（874.8 Hz），元音[i:]的频率值最小（397.6 Hz），其他元音的频率值从大到小依次为[æ:]>[ɔ:]>[œ:]>[e:]>[ʊ:]>[ɵ:]>[ʉ:]；在舌位的高低上，元音[ɐ:]的舌位最低，元音[i:]的舌位最高，其他元音的舌位从高到低依次为[ʉ:]>[ɵ:]>[ʊ:]>[e:]>[œ:]>[ɔ:]>[æ:]。就 F2 的平均值来说，元音[i:]的频率值最大（1957.0 Hz），元音[ʊ:]的频率值最小（891.3 Hz），其他元音的频率值从大到小依次为[e:]>[æ:]>[œ:]>[ʉ:]>[ɐ:]>[ɵ:]>[ɔ:]；在舌位的前后上，元音[i:]的舌位最靠前，元音[ʊ:]的舌位最靠后，其他元音的舌位从前至后依次为[e:]>[æ:]>[œ:]>[ʉ:]>[ɐ:]>[ɵ:]>[ɔ:]。

从阿拉善话词首音节长元音的声学格局（图 3.5）来看，词首音节长元音的 F1 频率范围为 400—880 Hz，而 F2 的频率范围为 890—1960 Hz。其中词首音节长元音包括：①根据舌位的前后分，元音[i:]、[e:]、[æ:]、[œ:]是前元音，元音[ʉ:]、[ɵ:]、[ɐ:]是央元音，元音[ʊ:]、[ɔ:]

是后元音。②从舌位的高低来看，元音[i:]、[ʉ:]为最高元音，元音[ɵ:]为次高，元音[e:]、[œ:]、[ʊ:]为半高；元音[ɔ:]为半低，元音[æ:]为次低，元音[ɐ:]为最低。阿拉善话词首音节长元音的共振峰模式图见图 3.6。

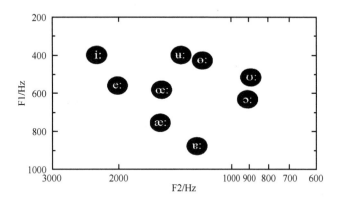

图 3.5　阿拉善话词首音节长元音的声学格局图

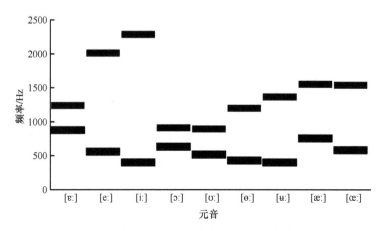

图 3.6　阿拉善话词首音节长元音共振峰模式图

3.2.1.2.2　非词首音节长元音

实验结果表明，阿拉善话非词首音节中有[ɐ:]、[e:]、[i:]、[ɔ:]、[ʊ:]、[ɵ:]、[ʉ:]、[æ:]8 个长元音音位。表 3.5 为两位发音人的非词首音节长元音共振峰参数统计表。表 3.5 中，就 F1 的平均值来看，元音[ɐ:]的频率值最大（748.3 Hz），[ʉ:]元音的频率值最小（400.7 Hz），其他元

表 3.5　阿拉善话非词首音节长元音共振峰参数统计表

项目		[ɐ:]	[e:]	[i:]	[ɔ:]	[ʊ:]	[ɵ:]	[ʉ:]	[æ:]
F1/Hz	范围	600—954	503—605	428—505	601—671	344—665	504—577	361—467	667—753
	M	748.3	556.3	456.3	633.3	502.623	542.5	400.7	687.8
F2/Hz	范围	1105—1696	1626—1997	1798—2004	971—1041	625—1158	1173—1381	1147—2181	1273—1644
	M	1277.2	1797.5	1850.6	999.5	891.3	1270.8	1443.3	1473.2
音长/ms		278.5	280	228.5	249.4	167.3	348.8	271.8	305.2
音强/dB		71.8	73.6	73.8	73.9	67.3	75.8	76.5	75.6
音高/Hz		134	137.7	116.9	131.3	124.1	138.9	150.9	131.3

音的频率值依次为 [æ:]>[ɔ:]>[e:]>[ɵ:]>[ʊ:]>[i:]，说明元音[ɐ:]的舌位最低，元音[ʉ:]的舌位最高，其他元音的舌位从高到低依次为[i:]>[ʊ:]>[ɵ:]>[e:]>[ɔ:]>[æ:]。就 F2 的平均值来看，元音 [i:]的频率值最大（1850.6 Hz），[ʊ:]元音的频率值最小（891.3 Hz），其他元音的频率值依次为[e:]>[æ:]>[ʉ:]>[ɐ:]>[ɵ:]>[ɔ:]，说明元音[i:]的舌位最靠前，元音[ʊ:]的舌位最靠后，其他元音的舌位从前至后依次为[e:]>[æ:]>[ʉ:]>[ɐ:]>[ɵ:]>[ɔ:]。

从阿拉善话非词首音节长元音的声学格局（图 3.7）来看，阿拉善话非词首音节长元音 F1 的频率范围为 400—750 Hz，F2 的频率范围为 890—1850 Hz。非词首音节长元音包括：①根据舌位的前后分，元音[i:]、[e:]、[æ:]是前元音，元音[ʉ:]、[ɵ:]、[ɐ:]是央元音，元音[ʊ:]、[ɔ:]是后元音。②从舌位的高低来看，元音[i:]、[ʉ:]为最高元音，元音[ʊ:]为次高，元音[e:]、[ɵ:]为半高；元音[ɔ:]为半低，元音[æ:]为次低，元音[ɐ:]为最低。

3.2.1.2.3　词首音节长元音和非词首音节长元音比较

阿拉善话长元音在音节位置上不同，其发音特点也有所不同。

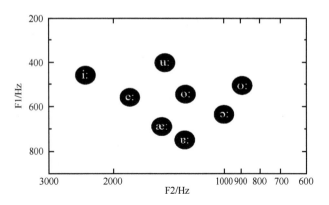

图 3.7　阿拉善话非词首音节长元音的声学格局图

下面，笔者将从共振峰频率范围、音段时长、发音声学特征三方面来比较词首音节长元音和非词首音节长元音。

从共振峰频率范围来看，词首音节长元音 F1 的频率范围为 400—880 Hz，非词首音节长元音 F1 的频率范围为 400—750 Hz，频率上限两者相差 130 Hz；F2 的频率范围中，词首音节长元音为 890—1960 Hz，非词首音节长元音为 890—1850 Hz，频率上限相差 110 Hz 左右。从 F1、F2 的频率范围得知，从舌位的高低来看，词首音节长元音的舌位稍低于非词首长元音；从舌位的前后来看，词首音节长元音的舌位相对靠前（图 3.8）。

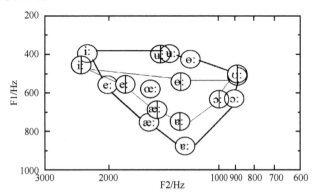

图 3.8　阿拉善话词首音节长元音和非词首音节长元音声学元音对比图

从音段时长来看，词首音节长元音的时长为 265—376 ms，而非词首长元音的时长为 229—349 ms（除了元音[ʊ:]的时长较短外，其时长为 167 ms）。对两类长元音的音段时长作总平均后，得知词首音节长元音的时长相对于非词首音节长元音较长（相差 50 ms），且词首音节长元音的时长为非词首音节长元音的 0.84 倍。

与词首音节长元音比较，非词首音节长元音的发音声学特征表现为低元音高化（[ɐ:]、[æ:]）；前元音后化（[e:]）；后元音前化（[ɔ:]）。

3.2.1.3　单元音时长分析

蒙古语单元音音位的区别特征不仅体现在发音部位有差异，而且在发音时长上也有很大的不同。在阿拉善话中，单元音发音时长的长短存在明显不同，即语音时长引起长元音和短元音的音质差别。下面，笔者将以词首音节长短元音为例，分析阿拉善话单元音的时长及发音特点。

图 3.9 为阿拉善话词首音节长元音和短元音的时长对比图。从图中可以看出，长元音的时长明显长于短元音，短元音的平均时长约为 138 ms，而长元音的平均时长约为 329 ms。虽然非词首音节中单元音的音长相对稍短，但整体趋势相同。

就发音特点来说，长元音的 F1 频率值大于短元音，也就是说，长元音的舌位比短元音低；从 F2 的频率值来看，长元音的值小于短元音，即长元音的舌位相对靠后。由此可见，出现舌位变化的主要原因在于发音时间的延长导致 F2 频率值的下降。研究者提出，"发音时间的延长容易使唇突度变大（唇圆度到位），引起共鸣腔相对变长，导致 F2 频率的降低"（呼和，2009）。另外，长元音的舌位降低是发音时间延长导致的，容易使舌肌松弛，引起舌体相对下降，从而导致 F1 的频率值变高。

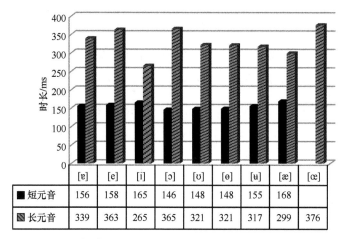

	[ɐ]	[e]	[i]	[ɔ]	[ʊ]	[ɵ]	[ʉ]	[æ]	[œ]
■ 短元音	156	158	165	146	148	148	155	168	
▨ 长元音	339	363	265	365	321	321	317	299	376

图 3.9　阿拉善话词首音节长元音和短元音的时长对比图

3.2.2　复合元音

复合元音是指一个音节核中包含两个或三个目标元音。在发复合元音时，口腔或舌头不是一成不变的，"而是从一个元音滑到另一个元音的位置上去，两个或三个元音成分的分量往往不相等，只有一个成分特别显著"（罗常培，王均，2002）。实际上，复元音的音色变化反映了在时间轴上有特定的，且有计划的发音动作变化。蒙古语阿拉善话的复元音一般为二合元音，包括[ʉe]、[ʊɐ]、[uæ]三个。本部分通过音长分析及共振峰频率分析重点讨论二合元音的性质和特点问题。

3.2.2.1　音长分析

语音特性的时域结构特点是决定二合元音音质特性的至关重要的因素之一。本部分通过二合元音前稳定段、过渡段和后稳定段的时长分布比例，分析其发音动程的特点。图 3.10 为阿拉善话二合元音前稳定段、过渡段和后稳定段的时长对比图。从总图来看，二合元音前稳定段的时长都较短，占整个音段的 8% 左右，过渡段占整个音段的 33%，而后稳定段在整个音段占的比例最大（60%），这说明阿拉善话二合元

46

音的后置元音在音节中承担着重要任务。

下面，笔者将分别讨论这三个元音的各时段音长特点。从前稳定段的时长来看，二合元音[ʜe]的比例值最小，[ʊɐ]的比例值最大，[uæ]居中；过渡段时长比例值中最小的是元音[ʊɐ]，元音[uæ]的比例值最大，元音[ʜe]居中。从后稳定段的时长比例值来看，元音[uæ]的比例值最小，其次为元音[ʜe]，最大为元音[ʊɐ]（图 3.10）。说明在二合元音中，发音部位的变化越大，过渡段的时间（即从一个音段滑向另一个音段的使用时间）越长；发音部位的变化越小，过渡段时长越短。三者的大小关系为[ʊɐ]<[ʜe]<[uæ]。从前后稳定段的时长来看，发音部位变化小的音，两个音段所使用的时间相对长（如元音[ʊɐ]的前稳定段和后稳定段的时长最长）；发音部位变化大的音，其过渡段的时长较长，后稳定段的时间相对缩小。三者的大小关系为[uæ]<[ʜe]<[ʊɐ]。由此

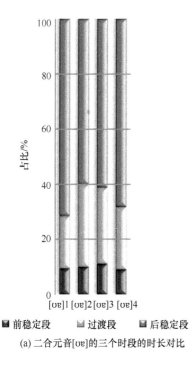

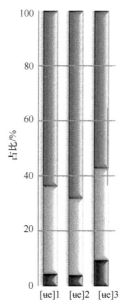

■ 前稳定段　　⊠ 过渡段　　▨ 后稳定段　　■ 前稳定段　　⊠ 过渡段　　▨ 后稳定段

(a) 二合元音[ʊɐ]的三个时段的时长对比　　(b) 二合元音[ʜe]的三个时段的时长对比

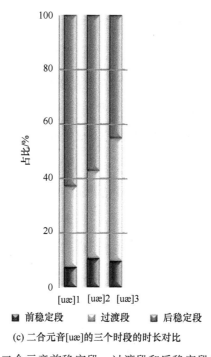

(c) 二合元音[uæ]的三个时段的时长对比

图 3.10　阿拉善话二合元音前稳定段、过渡段和后稳定段的时长对比图

可见，对于二合元音来说，其时域结构特点是不可忽视的关键所在。

3.2.2.2　共振峰频率分析

阿拉善话二合元音的前、后稳定段的共振峰频率值存在明显的差异。表 3.6 是阿拉善话二合元音的前、后稳定段共振峰的目标值统计表（包括最大值、最小值和平均值）。从相关变量的分析来看，[ʊɐ]的前稳定段 F1 的平均值为 664.3 Hz，后稳定段的平均值为 742.7 Hz，表明发二合元音[ʊɐ]时，其舌位逐渐降低约 78 Hz；就 F2 的平均值而言，[ʊɐ]的前稳定段的平均值为 1016.1 Hz，后稳定段的平均值为 1238.8 Hz，表明其舌位逐步靠前约 223 Hz（表 3.6）。从共振峰的轨迹图中能看出二合元音[ʊɐ]随着时间而协同变化的过程（图 3.11）。

表 3.6　阿拉善话二合元音前、后稳定段共振峰的目标值统计表　单位：Hz

项目		[ʊɐ]		[ʉe]		[uæ]	
		[ʊ]	[ɐ]	[ʉ]	[e]	[u]	[æ]
F1	最小值	553.3	596.5	327.0	340.1	385.2	580.9
	最大值	723.8	858.8	542.9	688.9	555.5	782.4
	平均值	664.3	742.7	459.5	578.4	481.6	659.1
F2	最小值	933.4	1164.1	721.7	1476.2	750.9	1401.7
	最大值	1114.4	1375.8	1425.4	1834.8	1165.3	1654.5
	平均值	1016.1	1238.8	1150.6	1619.4	1011.8	1525.7

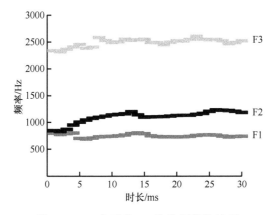

图 3.11　二合元音[ʊɐ]的共振峰轨迹图

从 F1 的平均值来看，二合元音[ʉe]的前稳定段值为 459.5 Hz，后稳定段值为 578.4 Hz，说明二合元音[ʉe]的舌位逐渐降低约 119 Hz；就 F2 的平均值而言，[ʉe]的前稳定段值为 1150.6 Hz，后稳定段的值为 1619.4 Hz，表明其舌位明显靠前约 469 Hz（表 3.6）。从共振峰的轨迹图能看出二合元音[ʉe]的共振峰动态变化过程（图 3.12）。

从 F1 平均值来看，二合元音[uæ]的前稳定段的值为 481.6 Hz，后稳定段值为 659.1 Hz，说明二合元音[uæ]的舌位显著降低约 178 Hz；而 F2 的平均值中，前稳定段的值为 1011.8 Hz，后稳定段的值为

1525.7 Hz，表明其舌位明显靠前约 514 Hz（表 3.6）。从共振峰的轨迹图能看出二合元音[uæ]的共振峰动态变化过程（图 3.13）。

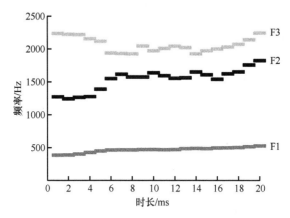

图 3.12　二合元音[ʉe]的共振峰轨迹图

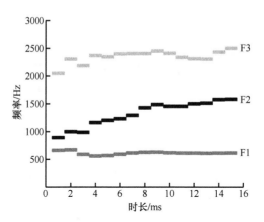

图 3.13　二合元音[uæ]的共振峰轨迹图

　　另外，从过渡段的共振峰斜率可以看出发二合元音时其舌位前后高低的变化特征。表 3.7 是阿拉善话二合元音过渡段第一、第二共振峰斜率数据。F1、F2 的斜率变化呈一定的规律性，即三者的大小关系为[ʊɐ]<[ʉe]<[uæ]，且 F2 的斜率都大于 F1，这表明在发二合元音时，舌位前后变化大，而其舌位高低变化较小。且"前后元音声学空间上的距离决定其斜率。一般距离越远，斜率就越大"（敖云那生，

2012a：63）。

表 3.7　阿拉善话二合元音过渡段共振峰斜率表

共振峰斜率	[uɛ]	[ʊɐ]	[uæ]
F1	0.9058	0.6373	2.5551
F2	4.9164	2.0190	6.4039

3.3　辅音声学特征

辅音的声学分析是对语音通过发音器官发出时的一系列过程的现象进行研究。具体来说，从辅音的不同声波性质判断辅音的发音方法，如周期性波为嗓音性质的浊辅音，而无规律非周期性波为噪音性质的清辅音等。另外，从辅音的频谱能量分布来判断它的调音部位。阿拉善话中基本辅音有[n]、[ŋ]、[p]、[pʰ]、[x]、[k]、[kʰ]、[l]、[m]、[s]、[ʃ]、[t]、[tʰ]、[tʃ]、[tʃʰ]、[ts]、[tsʰ]、[j]、[r]、[w]20 个。根据发音方法将基本辅音分为：①塞音[p]、[pʰ]、[t]、[tʰ]、[k]、[kʰ]；②塞擦音[tʃ]、[tʃʰ]、[ts]、[tsʰ]；③擦音[s]、[ʃ]、[x]；④鼻音[m]、[n]、[ŋ]；⑤边音[l]；⑥闪音[ɾ]；⑦半元音[j]、[w]。本部分主要从不同的发音方法讨论基本辅音的语图特点、VOT、过度音征等问题。

3.3.1　塞音

塞音是指主动发音器官（舌头）与被动发音器官（上腭）构成阻塞，气流不断在口腔内聚集，口腔内形成超强气压，突然释放而发出的爆破音。塞音的发音过程分为三个阶段，也就是辅音的三个生理阶段，即成阻阶段、持阻阶段和除阻阶段。发塞音时，首先，主动发音器官上举与被动发音器官形成完全的接触，从而关闭口腔和鼻腔的气流通路；其次，声门下的气流被阻塞至关闭点的后部，随着气流的聚集，口腔内形成超强气压（也就是相对大于体外的大气压力）；最后，关闭点突然打开，释放一股强气流，冲破空气的阻力，形成冲击波。在语图上塞音的成阻、持阻段表现为 gap，其除阻段，也就是塞音破裂会产生一个脉冲频谱（冲直条）。另外，根据 VOT 判断塞音的清浊、送气等发音特征。阿拉善话塞音的发音部位有 3 个，即双唇、舌尖前、舌根。同一发音部位分为不送气音和送气音，包括[p]、[t]、[k]、[pʰ]、[tʰ]、[kʰ] 6 个。下面，笔者将通过语图和音长来分析塞音的声学特征。

3.3.1.1　不送气清塞音

1）辅音[p]：它的除阻段很短，且强度也弱，VOT 值为 32 ms。在低频 3000 Hz 处有一能量集中区，有时在 6000 Hz 左右还有能量集中区。除阻后，过渡段的音征接后元音时走势为"降"，接前元音、央元音时，音征走势为"升"。图 3.14 为阿拉善话[pɐʃ]（老师）的三维语图。从图中可以看出辅音[p]爆破时冲直条的能量很弱，且时间很短。

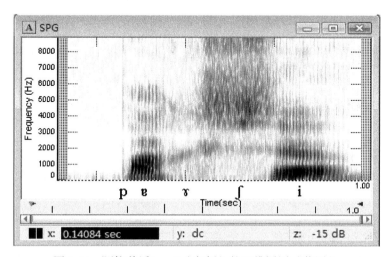

图 3.14　阿拉善话[pɐʃ]（老师）的三维语图（截图）

2）辅音[t]：它的除阻段也很短，强度也弱，VOT 值为 28 ms。在低频 2000 Hz 处有一强频集中区，高频 6500 Hz 还有一个能量集中区。除阻后，当后接元音为后元音或央元音时，音征走势为"降"；当后接元音为前元音时，音征走势为"升"。图 3.15 为阿拉善话[tɐl]（七十）的三维语图。从图中可以看出辅音[t]爆破时时间虽很短，但能量较强（与双唇辅音[p]相比）。

3）辅音[k]：它的除阻段比前两者长很多（图 3.15），VOT 值为 40 ms。除阻后，音征走势都为"降"。该辅音的中心频率常有两处集中区，随后接元音的舌位前后不同而有很大的变化。后接元音[ɐ]、[e]时，低频集中区在 1200 Hz 左右，从高频集中区来看，元音[ɐ]的为 3000—7000 Hz，元音[e]的为 6500—7500 Hz；后接元音[ɔ]、[ʉ]时，低频集中区都在 1000 Hz 左右，就高频集中区而言，元音[ɔ]的为 5500—6500 Hz，元音[ʉ]的为 6000—8000 Hz。图 3.16 为阿拉善话[kɐl]（火）的三维语图。从图中可以看出辅音[k]爆破时的时间稍长，与舌尖辅音[t]相比，其能量较弱。

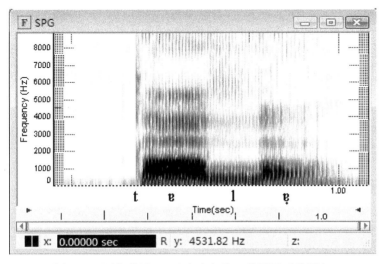

图 3.15　阿拉善话[tɐl]（七十）的三维语图（截图）

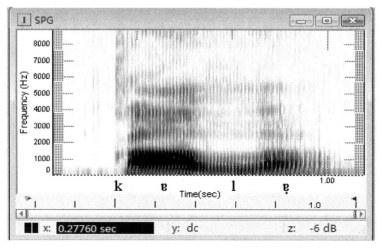

图 3.16　阿拉善话[kɐl]（火）的三维语图（截图）

3.3.1.2　送气清塞音

辅音[pʰ]与辅音[p]相比，除了长度比不送气的长很多之外，其中心频率也有一定的特征表现。在发音过程中，由于辅音[pʰ]送气完毕后接上声带音，其 VOT 值较大，一般在 78 ms 左右。送气段的频率有两处比较集中，低频处 1000 Hz 左右，高频在 3000—6500 Hz 能量分布比较集中。辅音[pʰ]的音征走势混合于送气段中，且由于有了送气段而成为久音，那么就有足够的信息来辨别这个音，因此音征的作用就减少了。图 3.17 为阿拉善话[pʰor]（咕嘟咕嘟响）的三维语图。从图中来看，辅音[pʰ]爆破时的能量较强，送气段的时间较长。

辅音[tʰ]的除阻段时长较长且 VOT 值为 86 ms。其送气段的频率分布主要在低频区 2500 Hz 和高频区 3500—5500 Hz。高频区能量聚集且最强，高低频区之间未有断层出现。图 3.18 为阿拉善话[tʰɐw]（五）的三维语图。从图中来看，辅音[tʰ]爆破时的能量较强，其送气段的时长要比双唇辅音[pʰ]的长很多。

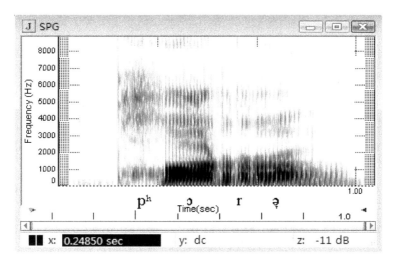

图 3.17　阿拉善话[pʰɔr]（咕嘟咕嘟响）的三维语图（截图）

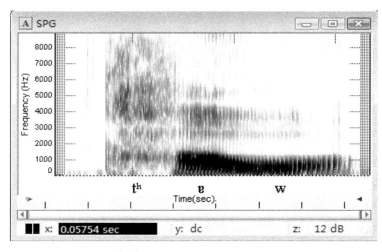

图 3.18　阿拉善话[tʰɐw]（五）的三维语图（截图）

　　辅音[kʰ]与辅音[k]相比，除阻长度比不送气的长得多，其 VOT 值为 80 ms 左右。其送气段的频率分布主要在低频区 2000 Hz 和高频区 3000—7000 Hz。高频区能量分布比较分散而且较弱，高低频区之间未有断层出现。图 3.19 为阿拉善话[kʰel]（语言）的三维语图。从图中来看，辅音[kʰ]爆破时的能量较弱，与舌尖辅音[tʰ]相比，其送气段的时长较短。

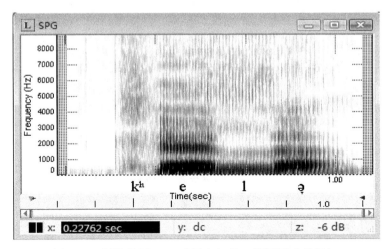

图 3.19 阿拉善话[kʰel]（语言）的三维语图（截图）

总体来看，阿拉善话塞音的主要区别在于嗓音起始时间和过度音征。在 VOT 时长上，塞音送气远比不送气的长，大小关系依次为[t]<[p]<[k]<[pʰ]<[kʰ]<[tʰ]。从除阻段强度来看，不送气塞音中，[t]的能量最强，[k]次之，而[p]的能量最弱；在送气塞音中，[tʰ]的能量最强，其次为[pʰ]、[kʰ]。由于不送气塞音的 VOT 时长较短，所以需要通过过渡音征的走势来判断其发音部位。一般不送气塞音后接前元音和央元音时音征走势为"升"，接后元音时其音征走势为"降"。另外，[k]辅音比较特殊，它有两个强频集中区，且它们随后接元音的舌位不同而不同。

就送气塞音而言，如果音征的走势混合于送气段中，那么就有足够的信息来辨别这些音，因此音征的作用就会减小，但其送气段的频率却有一定的差异性。送气塞音的送气段频率分布在低频区和高频区。在低频区，[pʰ]的送气段频率最低，其次为[kʰ]，辅音[tʰ]的频率最高；在高频区，三个送气塞音的高频下限都在 3000 Hz 左右，而高频上限差异较大，[tʰ]的高频上限最低（5500 Hz），[pʰ]次之，上限最高为[kʰ]（7000 Hz）。然而，就高频区的能量分布而言，[tʰ]的能量分布集中且最强，[kʰ]的分布反而分散，能量也较弱。

3.3.2　塞擦音

塞擦音是指声道中发生完全封闭并以摩擦作为爆破方式发出的辅音。从生理上来看，发塞擦音时主动发音器官与被动发音器官构成阻塞，气流不断在口腔内聚集，口腔内形成超强气压，突然释放，这时口腔不是马上打开，而是留一道窄缝，紧接着口腔内的余气从缝隙中挤出，产生摩擦而发出。在语图上塞擦音的成阻、持阻段表现为无声段长度（gap），其除阻段，也就是塞擦音摩擦会产生一个连续谱（乱纹）。阿拉善话塞擦音的发音部位有 2 个，即舌尖前和舌尖后。同一发音部位各分不送气音和送气音，包括[ʧ]、[ts]、[ʧʰ]、[tsʰ]4 个。下面，笔者将通过语图和音长来分析塞擦音的声学特征。

3.3.2.1　不送气塞擦音

1）辅音[ʧ]：在阿拉善话中辅音[ʧ]只在元音[i]之前出现。舌尖后辅音[ʧ]的时长为 106 ms，其能量的频率下限在 3000 Hz 左右。图 3.20

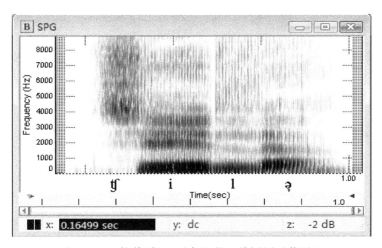

图 3.20　阿拉善话[ʧil]（年）的三维语图（截图）

是阿拉善话[ʧil]（年）的三维语图。从图中可以看出，辅音[ʧ]擦段的乱纹前后纹样不太一样，后半段与后接元音[i]的 F2、F3 相合。另外，与塞音相比，其冲直条的能量很弱。

2）[ts]辅音：阿拉善话中辅音[ts]后接除了元音[i]之外的元音。舌尖前辅音[ts]的时长为 100 ms。由于后接元音的舌位前后不同，因此能量频率下限也存在差异。当后接元音为央元音或前元音时，频率下限在 3500 Hz 左右；当后接元音为后元音时，能量频率下限为 3000 Hz，且能量很弱。图 3.21 为阿拉善话[tsɛm]（道路）的三维语图。从图中可以看出，其乱纹纹样由少到多，由疏渐密，而且频率下限也不太整齐。与舌尖后辅音[ʧ]相比，其时长也较短。

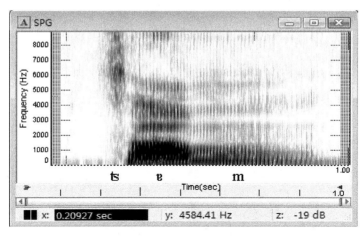

图 3.21　阿拉善话[tsɛm]（道路）的三维语图（截图）

3.3.2.2　送气塞擦音

1）辅音[ʧʰ]：在阿拉善话中辅音[ʧʰ]只在元音[i]之前出现。舌尖后辅音[ʧʰ]的时长为 173 ms，中心频率和同部位不送气音相似，能量集中频率下限比较整齐。图 3.22 是阿拉善话[ʧʰikʰ]（耳朵）的三维语图。从图中可以看出，辅音[ʧʰ]送气段乱纹的前后纹样不一样，后半段与后接元音[i]的 F2、F3 相合，还能够看到明显的冲直条，但其能量与塞音比较则相对弱一些。

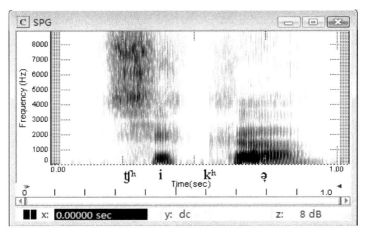

图 3.22 阿拉善话[ʧʰikʰ]（耳朵）的三维语图（截图）

2）辅音[tsʰ]：阿拉善话中辅音[tsʰ]后接除了元音[i]之外的元音。舌尖前辅音[tsʰ]的时长为 121 ms。高频处其能量的频率下限都在 3500 Hz 左右；然而低频处能量频率下限则会因其后接元音的不同而出现差异。当后接元音[ɐ]时，频率下限为 550—2000 Hz，能量分布比较分散，送气段的高频能量突然下降，为 5500—6000 Hz；当后接元音为[ɔ]时，低频区前半段的能量频率为 1000—3000 Hz，能量较弱。后半段与后接元音[ɔ]的 F2、F3 相合。图 3.23 为阿拉善话[tsʰɐk]（时间）的三维语图。从图中可以看出，辅音[tsʰ]送气段的高频集中区在 3500—6000 Hz。

从阿拉善话塞擦音的声学特征来看，它们的 VOT 时长的关系依次为[ts]<[ʧ]<[tsʰ]<[ʧʰ]。每一对同部位的辅音，都是送气的长而不送气的短。塞擦音爆破时的冲直条能量与塞音相比较弱一些。由于后接元音的舌位前后不同,塞擦音的擦段低频区频率下限也存在一定的差异。舌尖后辅音[ʧ]、[ʧʰ]的低频区后半段与后接元音[i]的 F2、F3 相合，这

是由于在阿拉善话中辅音[tʃ]、[tʃʰ]后只能跟元音[i]，而且它们的发音部位相似，从而形成协同发音现象；舌尖前辅音[tsʰ]后接元音[ɔ]、[e]时，后半段与后接元音的 F2、F3 相合，而后接低元音[a]时频谱能量分散，有时在低频区出现一些乱纹；舌尖前辅音[ts]没有上述情况，低频区有时会出现能量较弱的乱纹。

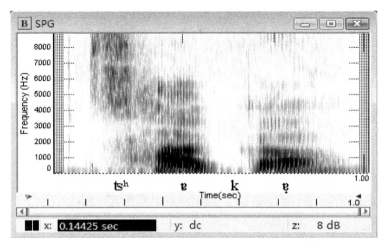

图 3.23　阿拉善话[tsʰɐk]（时间）的三维语图（截图）

3.3.3　擦音

擦音是指主动发音器官和被动发音器官靠近，不完全阻塞，形成一个缝隙，气流强行通过缝隙产生摩擦噪音（鲍怀翘，林茂灿，2014）。典型的轻擦音在语图上表现为时间较长且频率分布范围较宽的不规则乱纹。擦音在发音时由于声道的一定部位出现狭窄的缝隙，气流在这些缝隙处产生"平流"和"湍流"，从而形成不规则的气流躁动。与元音相比，擦音在波形图上一般表现为振幅较小的噪声波，与相邻元音之间的界限比较清楚。从语音四要素来看，清擦音由于没有声带的振动，音高的特征不明显；音强一般比元音弱；音色则需要通过对其频谱特性进行分析；音长是擦音比较容易观测的参量。阿拉善话中擦音的发音部位有 3 个，即舌尖前、舌尖后、舌根音，也即[s]、[ʃ]、[x]。下面，笔者将通过语图和音长来分析其擦音的声学特征。

1）辅音[s]：该辅音根据后接元音的不同，其能量分布也很不同。该擦音音长一般在 168 ms 左右。当后接前元音或央元音时，它的频率下限为 3500—4000 Hz；当后接后元音时，其频率下限为 2000 Hz 左右，而且能量分布比较分散。图 3.24 为阿拉善话[sʊr]（月亮）的三维语图。从图中可以看出，辅音[s]的发音时间较长，强频集中区在高频区。

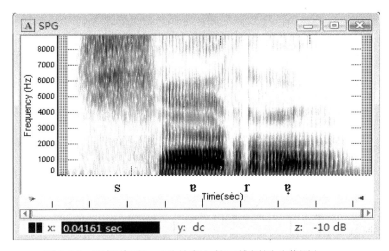

图 3.24　阿拉善话[sʊr]（月亮）的三维语图（截图）

2）辅音[ʃ]：该辅音的音长一般为 175 ms，频谱能量分布相对于舌尖辅音[s]较低。当后接前元音时，其频率下限为 3000 Hz 左右；当后接央元音或后元音时，其下限频率为 1500 Hz。图 3.25 为阿拉善话[ʃin]（新的）的三维语图。从图中可以看出，辅音[ʃ]的发音时间较长，强频集中区在高频区，乱纹的下半段与后接元音[i]的 F2、F3 相合。

3）辅音[x]：它的音长通常在 117 ms 左右。中心频率常有两处集中区，高频区一般在 3300—7000 Hz。低频处因后接元音不同出现差

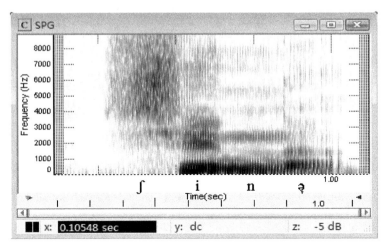

图 3.25　阿拉善话[ʃin]（新的）的三维语图（截图）

异。当后接元音[ɐ]时，在 1500 Hz 处有微弱的能量分布；当后接元音
[ɔ]和[ʊ]时，在 1000 Hz 或更低频率处有能量分布。图 3.26 为阿拉善
话[xɐr]（黑色）的三维语图。从图中可以看出，辅音[x]在低频处有一
定的能量分布。

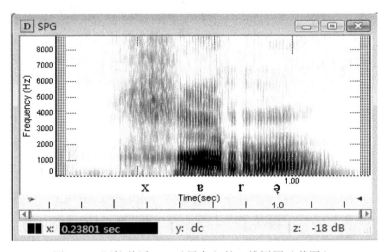

图 3.26　阿拉善话[xɐr]（黑色）的三维语图（截图）

　　总体来看，阿拉善话擦音的中心频率都比较高，频率下限都非
常清晰且稳定。这三个擦音的主要区别在于它们的下限频率有明显

的不同。[s]的下限最高，[ʃ]次之，[x]最低。这些下限的不同反映了舌位前后的不同。从音长来看，[ʃ]的时长最长，[s]次之，[x]最短。[ʃ]和[s]的时间差异不是很大，而[x]相对于前两者，则差异明显。

3.3.4 鼻音

鼻音是指口腔中某两个部分构成阻塞，软腭下垂打开鼻腔通道，声带音气流经过鼻腔共鸣，从鼻孔辐射出去而形成的音。鼻音在语图上表现为能量较弱的共振峰。由于它们是响音，因而具备一定的强度，但比元音要弱。与相邻元音之间的界限缺少"断层"，界限不够明显。阿拉善话包括[m]、[n]、[ŋ]三个鼻音。下面，笔者将通过共振峰、音长和音征走势来分析鼻音的声学特征。

阿拉善话有鼻音[m]、[n]、[ŋ]。与蒙古语书面语一样，其鼻音[m]、[n]在词首或音节首位置可以出现，[ŋ]则不出现。然而在音节尾这三个鼻音都可以做韵尾。在表 3.8 中，鼻音[ŋ]的 VF1 最高，[n]次之，[m]最低，但三者之间的差值不是很明显。从 VF2 的平均值来看，[n]的频率值最高，[m]次之，[ŋ]最低，三者相差 50 Hz 左右。VF3、VF4 的平均值则近似。另外，三个鼻音长度也很不相同，[ŋ]的音段时长比另两个长很多（时长为 188 ms），[m]和[n]的音长相对短，均在 130 ms 左右。

表 3.8 阿拉善话鼻音[m]、[n]、[ŋ]的共振峰参数表

项目		[m]	[n]	[ŋ]
VF1/Hz	平均值	441.9	476.4	500.8
	范围	240—759	338—930	265—764
VF2/Hz	平均值	1500	1555.7	1448.2
	范围	1048—1937	1005—2243	1033—1971
VF3/Hz	平均值	2604	2758.9	2662.9
	范围	2189—3839	1804—4321	2235—3513

续表

项目		[m]	[n]	[ŋ]
VF4/Hz	平均值	4013.4	4073.6	4056.4
	范围	3707—5489	3154—5632	3002—5403
音长/ms		131.8	132.4	188.2

由于阿拉善话鼻音在不同的音节位置出现，它们的发音特点也有所不同。下面，笔者将分别讨论各个鼻音的音征走势。鼻音[m]、[n]作为音节首出现，也就是说在 mv-/nv-结构中，后接前元音[i]、[e]时，音征走势都为"降"；后接央元音[ɐ]时，[m]的音征走势为"升"，[n]则为"降"；接后元音[ɔ]时，音征走势都为"平"。

鼻音[m]、[n]、[ŋ]作为韵尾，即在-vm/-vn/-vŋ 结构中，前接元音[i]、[e]时，[m]和[n]的音征走势为"降"，[ŋ]的音征走势则为"升"；接央元音[ɐ]时，音征走势都为"降"；前接后元音[ɔ]时，[m]的音征走势为"平"，[n]和[ŋ]的音征走势则为"降"。

为了易于辨识[m]、[n]、[ŋ]三个鼻音的频谱异同，笔者把包含三个鼻音的例词语图都画了出来（图 3.27—图 3.29）。图中可见，[ŋ]的 VF1 频率相对高，且能量比较强，[m]、[n]的则弱一些；[ŋ]和[m]

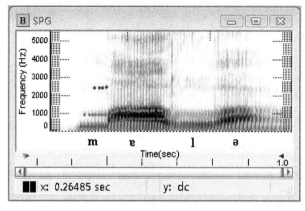

图 3.27　阿拉善话[mɐl]（牲畜）一词的三维语图（截图）

注：图中三条曲线由下到上依次对应为 F1、F2、F3，此类后同

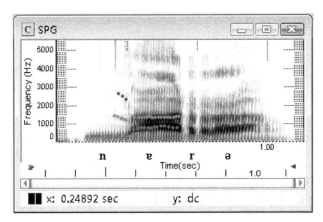

图 3.28　阿拉善话[nɛr]（太阳）一词的三维语图（截图）

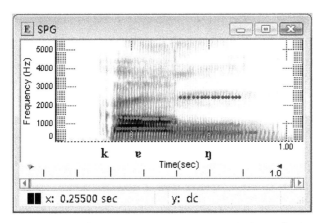

图 3.29　阿拉善话[kɛŋ]（旱灾）一词的三维语图（截图）

的 VF2 频率相对低，但它们的能量强，[n]的频率最高，能量则较弱；三个鼻音 VF3 的频率是相同的，[n]、[ŋ]的能量较强，[m]则弱些。

3.3.5　其他辅音

蒙古语阿拉善话中还有边音[l]、半元音[j]和[w]、闪音[r]。下面，笔者将分别从共振峰、音征走势及语图特点分析边音、半元音和闪音的声学特征。

3.3.5.1 边音

发边音时，舌面中线下凹，两边卷起，接触牙齿，声带音气流从舌两边排出，发出可以延长的音。边音在语图上是较难辨认的音。由于它既不是典型的破裂音，又有别于一般的浊擦音，它的语图模式不太稳定，通常显示出一个基频横杠，有时会显示出一点擦音乱纹（在阿拉善话中这种情况较少见）。它的共振峰一般和鼻音[n]的共振峰相似，说明它们的调音部位是大致相同的。它与元音的界限比较明显，音征的长度也就比较容易测量。下面，笔者将对边音[l]的语图和音征走势进行描述。

阿拉善话辅音[l]的音长一般在 115 ms 左右。相比于鼻音的时长较短。由于在音节中不同的位置出现及前后接的元音不同，其音征走势也大不相同。笔者将辅音[l]在词首、词中、词尾出现的情况分为 lv-、-vl-、-vl 三种。在 lv-结构中，后接元音[ɔ]时，边音[l]的音征走势为"降"，其余元音之前，它的音征走势都为"升"；-vl-结构中，情况与上述相同。当[l]作为韵尾（-vl）时，其音征走势都为"降"。图 3.30 和图 3.31 分别为阿拉善话[lɐm]（喇嘛）和[ʃil]（玻璃）的三维语图。从图中可

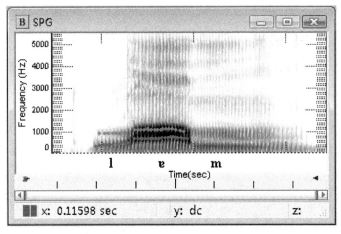

图 3.30　阿拉善话[lɐm]（喇嘛）的三维语图（截图）

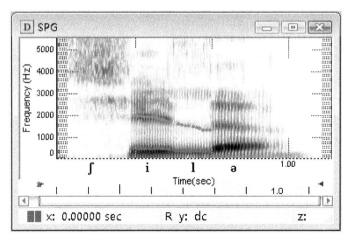

图 3.31　阿拉善话[ʃil]（玻璃）的三维语图（截图）

以看出，辅音[l]的共振峰基本上和前后元音的共振峰是一致的。它随前后接元音而异，它和高元音结合时，共振峰（主要是 F2）就高些，与低元音结合时，共振峰就低一些，但是其过渡音征还是很明显的。

3.3.5.2　半元音

半元音是指擦音中气流较弱、摩擦较小、有元音性质的辅音。在语图上，半元音显示出与元音共振峰相似的浊横杠，但是其能量较弱。通常半元音的音长比音短，它与元音的界限不是很清楚，但半元音的 F3、F4 频率能量很弱，因而也能判断出与元音的界限。阿拉善话半元音有[j]和[w]两个。下面，笔者将通过它们的三维语图和元音[i]、[u]比较分析半元音的声学特点。

阿拉善话半元音[j]的时长为 140 ms 左右。它与后接元音是准同部位，也就是接前元音时，其音征走势一般为"平"；当后接央元音或后元音时，其音征走势为"降"。半元音[j]作为韵尾时（vj-结构），其音征走势又不相同。前接前元音其音征走势为"平"，接后元音或央元音其音征走势则为"升"，这说明[j]在音节中是有过渡的，可以说它是有动程的滑音。从三维语图中也能看出这个特点（图 3.32），它的 F2 频率走向为凸出的拱形。另外，与元音[i]比较，[j]的 F1 频率相对高，F2 则低。说明这个音比元音[i]舌位偏低且靠后些。

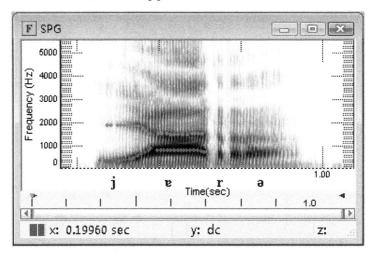

图 3.32　阿拉善话[jer]（疤痕）的三维语图（截图）

阿拉善话半元音[w]一般不在词首位置出现，它的时长为 107 ms（表 3.9）。它随前后接元音而异，与高元音结合时其舌位变高（主要是 VF2 值上升），与低元音结合时舌位就低一些，但是其过渡音征还是很明显的。当前接任何元音时，它的音征走势都为"降"；后接各元音，音征走势则都为"升"。与半元音[j]的音征走势相反。从三维语图中可以看出它的 VF2 频率走向为凹拱形（图 3.33）。另外，与元音[ʊ]相比，[w]的 VF1、VF2 频率都相对低，说明这个音比元音[ʊ]舌位偏高且靠后些。

表 3.9　阿拉善话边音[l]和半元音[w]、[j]的共振峰参数表

项目		[l]	[w]	[j]
VF1/Hz	平均值	554.6	459.5	416
	范围	332—1072	383—511	319—523
VF2/Hz	平均值	1579.9	843.4	1907.5
	范围	1116—2122	638—1245	1811—2010

续表

项目		[l]	[w]	[j]
VF3/Hz	平均值	2814.5	2855.4	2902.6
	范围	2131—4009	2124—3744	2317—3739
音长/ms		115.9	107.8	140.7

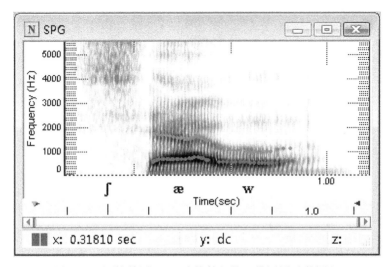

图 3.33　阿拉善话[ʃæw]（徒弟）的三维语图（截图）

3.3.5.3　闪音

发闪音时，舌尖向上卷起，但直接接触齿龈或者上颚。气流冲出时，舌尖轻微闪颤一下，与齿龈或上颚接触，瞬间即离开。闪音的语图模式不太稳定，通常显示出一个基频横杠，有时会显示出极短较弱的乱纹。闪音与元音的界限不是很清楚，常常在前后音段中留有它的信息。阿拉善话中辅音[r]有三个变体。下面，笔者将通过语图对这三个变体进行描述。

1）闪音[ɾ]一般在阴性词和阳性词中作为韵尾出现，它的语图模式为极短较弱的乱纹。图 3.34 为阿拉善话[eɾ]（男性）的三维语图。

闪音[ɾ]的时长非常短，一般在 58 ms 左右，其能量很弱。它的 VF1、VF2 频率都大于其他两个变体。

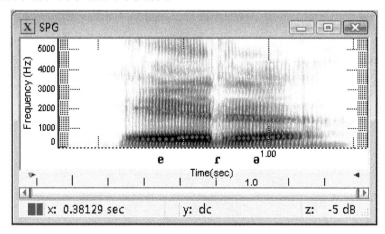

图 3.34　阿拉善话[eɾ]（男性）的三维语图（截图）

2）浊擦音[ʒ]通常在阳性词词首出现（主要是借词），它的语图模式是一段基频横杠。图 3.35 为阿拉善话[ʒʊmæːn]（小说）的三维语图。浊擦音[ʒ]的时长较长，一般在 100 ms 左右，但其能量很弱。与其他二者相比，它的 VF1、VF2 频率最低。

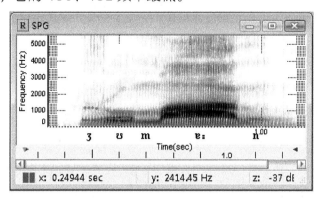

图 3.35　阿拉善话[ʒʊmæːn]（小说）的三维语图（截图）

3）颤音[r]在阳性词中成音节（-rv-结构）和作为词尾出现，其语图模式为间隙性共振峰，颤音[r]一般颤 2—3 次。图 3.36 为阿拉善话[xær]（黑色）的三维语图。颤音[r]的时长最长，一般在 110 ms 左右，由于出现间隙性共振峰，其能量相对强。同闪音[ɾ]比较，它的 VF1、VF2 都较低，但 VF2 频率相差不是很大（表 3.10）。

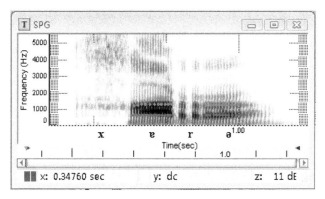

图 3.36　阿拉善话[xɐr]（黑色）的三维语图（截图）

表 3.10　阿拉善话辅音[r]的三个变体的共振峰参数表

项目		[r]	[ʒ]	[ɾ]
VF1/Hz	平均值	675.3	399	504.7
	范围	462—1158	351—447	306—759
VF2/Hz	平均值	1522.8	1133	1449.3
	范围	1098—2045	1117—1345	1094—1878
VF3/Hz	平均值	2781.7	2042	2529.1
	范围	1942—3782	1723—2361	1735—3525
VF4/Hz	平均值	4110	4067.7	3833.6
	范围	3292—5230	3796—4339	2887—5230
音长/ms		58.4	100.3	110.2

3.4　小　　结

本章分析了蒙古语阿拉善话元音和辅音的声学特征，主要从长短元音声学特点、二合元音的声学特点、清辅音的声学特点及浊辅音的声学特点四个方面进行总结。

3.4.1 阿拉善话元音声学特征

1）蒙古语阿拉善话短元音包括词首音节的[ɐ]、[e]、[i]、[ɔ]、[ʊ]、[θ]、[ʉ]、[æ]和非词首音节的[ɐ̆]、[ə]、[ɪ]、[ɔ̆]、[ɵ]，共 13 个短元音。无论是从舌位的高低还是前后来看，词首短元音的发音音域都较宽，而非词首短元音的发音音域则相对集中，且有央化的现象。与词首短元音比较，非词首短元音的发音特征表现为舌位趋中。

2）长元音包括词首音节中出现了[ɐ:]、[e:]、[i:]、[ɔ:]、[ʊ:]、[θ:]、[ʉ:]、[æ:]、[œ:]，共 9 个长元音。非词首音节中出现了[ɐ:]、[e:]、[i:]、[ɔ:]、[ʊ:]、[θ:]、[ʉ:]、[æ:]，共 8 个长元音，其中元音[œ:]一般不出现在非词首音节。从舌位的高低来看，词首音节长元音的舌位稍低于非词首音节长元音；从舌位的前后来看，词首音节长元音的舌位相对靠前。与词首音节长元音比较，非词首音节长元音的发音特征表现为低元音高化、前元音后化和后元音前化等。

3）阿拉善话的复元音一般为二合元音，包括[ʉe]、[ʊe]、[ʉæ] 3 个。二合元音前稳定段和过渡段的时长都较短，然而后稳定段在整个音段占的比例很大（60%）。这不仅表明阿拉善话二合元音的后音段在音节中承担着重要任务，而且也说明它们属于后响二合元音。

另外，二合元音中，发音部位的变化越大，过渡段的时长（即从一个音段滑向另一个音段的使用时间）越长；发音部位的变化越小，过渡段的时长越短。其 F1、F2 斜率分析结果表明，斜率越大，发音动程也就大，即发音部位的变化大；斜率越小，则反之。

3.4.2 阿拉善话辅音声学特征

3.4.2.1 清辅音

蒙古语阿拉善话的各组清辅音的时长大致如下。

不送气塞音（30 ms）<不送气塞擦音（100 ms）<送气塞音（105 ms）<送气塞擦音（160 ms）<擦音（180 ms）。

蒙古语中，塞音、塞擦音的送气与不送气是重要的区别特征之一。在上述分析中，可以看到塞音和塞擦音的送气段区别。在强度上，一般送气的比不送气的更强些；在长度上，送气的则远比不送气的长。

阿拉善话塞音的主要区别在于嗓音起始时间和过度音征。在 VOT时长上，塞音送气远比不送气的长，大小关系依次为[t]<[p]<[k]<[pʰ]<[kʰ]<[tʰ]。由于不送气塞音的 VOT 时长较短，因此可以通过过渡音征的走势来判断其发音部位。一般不送气塞音后接前元音和央元音时其音征走势为"升"，接后元音时其音征走势为"降"。另外，辅音[k]比较特殊，它有两个强频集中区，随后接元音的舌位不同而不同。就送气塞音而言，送气段的频率有一定的差异。送气塞音的送气段频率分布在低频区和高频区。低频区为 1000—2500 Hz，高频区为 3000—7000 Hz。

从塞擦音的声学特征来看，它们的 VOT 时长的大小关系依次为[ts]<[tʃ]<[tsʰ]<[tʃʰ]。每一对同部位的辅音，都是送气的长而不送气的短。塞擦音爆破时的冲直条能量与塞音相比较弱。由于后接元音的舌位前后不同，塞擦音的擦段低频区频率下限也不同。

擦音的主要区别在于它们的下限频率有明显的不同。[s]的下限最高，[ʃ]次之，[x]最低。这些下限的不同反映了舌位前后的不同。它们的音长大小关系依次为[ʃ]>[s]>[x]。从擦音的语图上可以清楚地看到如下特点：时间较长；强频区集中在高频区；噪音频谱的下限由[s]到[ʃ]再到[x]，一个比一个低。这一特点是关键性的区别信息。如上所述，舌位越靠前，下限越高，从生理上也容易做出解释，即舌位前则声腔长，频率就低。虽然舌位移动的差别很小，但频率区域的高低已有显著的变动。

3.4.2.2 浊辅音

阿拉善话浊辅音有鼻音（[m]、[n]、[ŋ]）、半元音（[j]、[w]）、边音（[l]）和闪音（[r]）。浊辅音的音长大小关系为鼻音（150 ms）>半元音（135 ms）>边音（115 ms）>闪音（90 ms）。

浊辅音在不同的音节位置出现，它们的发音特点也有所不同。鼻音的音征走势一般为"平"或"降"，有时前接前元音，[m]、[ŋ]的音征走势为"升"。边音和半元音是随前后接元音而异，它们和高元音拼时 F2 就高些，和低元音拼时就会低一些，但是过渡音征还是很明显的。半元音[j]、[w]与同部位元音[i]、[ʊ]相比，[j]的舌位偏低、靠后，[w]的舌位偏高、靠后。另外，闪音[r]有两个变体，且语图模式都各不相同。

表 3.11 中的数值表示在每种浊辅音中 F1、F2 参数大小的序列号（1—4），1 表示数值最小，依次递增，4 表示数值最大。分析结果得知，边音的 F1、F2 最高；闪音的 F1 次之，但其 F2 最低；鼻音的 F1、F2 居中，半元音的 F1 最小，F2 也偏低。

表 3.11　阿拉善浊辅音共振峰参数对比

共振峰	鼻音	半元音	边音	闪音
F1	2	1	4	3
F2	3	2	4	1

第4章
阿拉善话语音嗓音特征

在国际上，由于信号处理技术、言语声学、医学嗓音临床和计算机科学的发展，语言嗓音发声的研究和应用在许多学科中得到了迅速的发展。在现代语音学中，由于广泛采用声学、医学的研究方法和普遍使用计算机，嗓音发声类型的研究成为现代语音学理论研究的增长点。在许多语言中，声带可以以不同的方式振动，声带振动的不同方式称作嗓音的发声类型。语言发声类型的研究就是对声带不同振动方式的生理机能、声学特征及语言功能的研究（孔江平，2001）。蒙古语元音有松紧的差异，我们称之为阴阳性元音。一般阴性元音指松元音，阳性元音指紧元音。在松紧元音对立的问题上，清格尔泰认为"在发紧元音的时候，喉头上端紧张、舌根后缩，松元音则相反"（清格尔泰，1991）。道布先生也对紧元音的发音特点做了这样的描写：发音时咽头肌肉紧张，音色比较响亮（道布，1983）。鲍怀翘和吕士楠以蒙古语标准音的松紧元音为例，进行声学分析，得出紧元音最大的声学特征在于 F1 的升高（舌位降低）和 F2 能量的加大，使得音色较响亮（鲍怀翘，吕士楠，1992）。另外，发声类型的概念不单指元音，还包括辅音。在辅音中清浊辅音都有发声类型的差异，这方面的研究方法，有的和元音相同，有的则不同。本章通过对阿拉善话松紧元音和浊辅音的嗓音参数进行分析，从而阐述松紧元音及浊辅音的发声类型特征。

4.1 松 元 音

蒙古语阿拉善话基本元音分为松元音和紧元音。松元音为[e]、[i]、[θ]、[ʉ]，紧元音为[a]、[ɔ]、[ʊ]、[æ]、[œ]。下面，笔者将通过提取 F0、OQ 和 SQ 等参数对阿拉善话松元音的嗓音特征进行分析，旨在探讨蒙古语阿拉善话元音的发声生理表现，并对比分析男女声嗓音特征的异同，从而总结松元音的不同发声方式的嗓音特征及参数之间的相互关系。

4.1.1 男女声的松元音嗓音特征

4.1.1.1 F0、OQ 和 SQ 参数分析

图 4.1 为阿拉善话松元音的男女声嗓音参数对比图。从图中可以看出，男声和女声的 F0 差异很大（菱形线）。男声的 F0 均值约为 105 Hz，而女声的 F0 均值约为 250 Hz。就 F0 分布范围而言，男声为 96—110 Hz，频率波动不大（差值为 14 Hz）；女声为 216—262 Hz（差值为 46 Hz）。从分析结果来看，在阿拉善话松元音中，女声的 F0 均值比男声高出 145 Hz，且男声的音域范畴小于女声，差值在 30 Hz 左右。

从男女声的 OQ 来看，阿拉善话松元音的男女声之间差异不大，

男声的 OQ 均值为 49.5%，女声的为 51.8%，女声略高于男声；就 OQ 分布范围而言，男女声的 OQ 分布较集中，男声为 45%—70%，女声则为 45%—59%；从分析结果来看，在阿拉善话松元音中，女声的 OQ 均值略高于男声，两者的值相差不大，这也说明男女声的声带开张度相似。

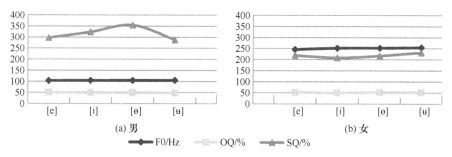

图 4.1　阿拉善话松元音男女声嗓音参数对比图

从 SQ 的数据可以看出，男声和女声之间差异也比较明显，男声的 SQ 均值为 315%，而女声的为 217%；就 SQ 分布范围而言，男声为 125%—506%，女声则为 121%—366%；从分析结果来看，在阿拉善话松元音中男声的 SQ 均值高于女声，相差 98%，说明男声的声门关闭速度较快，而女声的则较缓慢。另外，男女声 SQ 的上限差异显著，差值在 140%。

4.1.1.2　松元音的 F0 与 OQ、SQ 的关系

F0、OQ 和 SQ 同为嗓音的最重要的三类参数，F0 在生理上反映的是声带作周期性振动的最低固有频率；OQ 反映的是声带在振动时的开张度；SQ 则反映了声带振动时的模式。所以三者之间的关系反映发音时松元音的声带振动特征。

从松元音的分析结果来看，男声的 F0 普遍低于女声，且差异显著，男声的 F0 很低，且 OQ 也较小，女声则反之，说明 OQ 和音调呈正比关系；从 SQ 来看，男声的 SQ 较大，女声反之，说明 SQ 和

音调呈反比关系，反映了男女声之间嗓音发声类型的最基本和最重要的性质。

从图 4.1 可以看出，男声和女声之间的 OQ 并无大的差异，然而 F0 和 SQ 的差异较显著；男声的 F0 普遍低于女声，但其 SQ 高于女声。这是男女声声带自然条件引起的差异。

4.1.2　松元音之间的嗓音特征分析

4.1.2.1　F0 分析

下面，笔者将以男声的嗓音参数为例，对 4 个松元音的发声特点进行描述。当持续发元音时，元音随着时间的持续，基频的频率下降，但下降幅度很小（10 Hz 左右），这也是发元音时经过口腔的气流用尽时能量也在衰减的表现。图 4.2 为阿拉善话 4 个松元音的 F0 分布图（男）。从图中可以看出，松元音[ʉ]的 F0 频率最高，[ɵ]、[i]次之，元音[e]的频率值最低。在生理上，说明发元音[ʉ]时，声带振动频率高，其次为元音[ɵ]和[i]，振动频率最低的是元音[e]。就 F0 范围而言，各个元音之间的差异不是很大，元音[e]、[ɵ]的频率下限为 96—98 Hz，

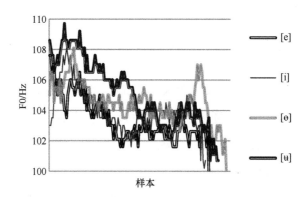

图 4.2　阿拉善话松元音的 F0 分布图（男）

注：本图仅为分布的示意图，横轴表示不同的样本，不具体标明数量，本章余同

而元音[i]、[ʉ]的频率下限稍高，在 100 Hz 左右。从频率上限来看，元音[ʉ]的频率值最高（约 110 Hz），其余元音依次为[i]、[θ]、[e]。女声松元音的 F0 呈相同的趋势。

4.1.2.2　OQ 分析和 SQ 分析

在生理上，OQ 值说明声带接触松紧，也就是声带接触面积的大小及接触时间的长短。OQ 值越大，声带接触越松，即声带接触面积越小且接触时间越短，OQ 值越小，则反之。图 4.3 为阿拉善话松元音的 OQ 分布图（男）。从图中可以看出，松元音的 OQ 分布趋于一致（除了元音[θ]的前音段 OQ 变化幅度较大外）。其中松元音[e]的 OQ 值最大，元音[i]、[θ]次之，元音[ʉ]最小。这说明在 4 个松元音中，元音[e]的声带接触相对松，而元音[ʉ]相对紧。从发音稳定段来看，松元音的 OQ 主要集中在 45%—50%。就 OQ 的上下限而言，各个元音之间有异同。元音[e]的上下限相对高（48%—70%），其余 3 个音的上下限较低，约为 45%—65%。

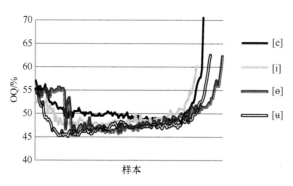

图 4.3　阿拉善话松元音的 OQ 分布图（男）

SQ 变化在生理上表现为声门开合的快慢，也就是说 SQ 值越大，声门关闭的速度越快，SQ 越小，则反之。另外，声门开合的快慢会影响高频能量，即 SQ 高，高频能量就高，其频谱下降率就小；SQ 低，高频能量就低，其频谱下降率就大。图 4.4 为阿拉善话松元音的 SQ 分布图（男）。为了便于分辨，笔者将 4 个元音分别画在两张图上，松元音的 SQ 值交叠的较多。从图 4.4 可以看出，松元音的 SQ 值域非常宽泛，其中元音[ɵ]的 SQ 值最大（SQ=355%），其余 3 个元音的值依次为[i]>[e]>[ʉ]（分别为 323%、297%、287%）。这说明在 4 个松元音中，发元音[ɵ]时其声门迅速关闭慢慢张开，而剩余 3 个元音发音时，其声门关闭速度相对缓慢。就 SQ 的上下限而言，元音[ɵ]、[i]的上限相对高（分别为 500% 和 465%），其余 2 个元音的上限则较低。松元音的下限差异不是很大，元音[i]的下限较高。但女声的松元音没有这样的趋势，笔者认为这是由于个人声带差异而存在的个性嗓音特征。

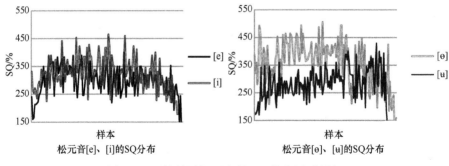

图 4.4 阿拉善话松元音的 SQ 分布图（男）

4.1.2.3 松元音的嗓音特征

从 4 个松元音的嗓音数据分析结果来看，首先，男女之间的声带振动模式差异很大。男声的声带振动频率明显小于女声，男声在发持续元音时，F0 的频率是随着时间的增加而持续下降的（图 4.2），而女声发持续元音时，F0 的频率则是先上升然后至一个平稳状态（图 4.5）。然而男声和女声的声带开张度相似，其 OQ 主要集中在 45%—50%，男女声之间没有显著差异。其次，声门慢慢开启，男声的声门关闭速度较快，而女声的声门关闭速度则相对缓慢。

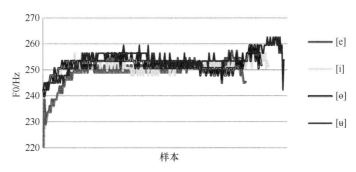

图 4.5　阿拉善话松元音的 F0 分布图（女）

由上可知，各个松元音之间声带振动的关系比较微妙，只能看出整体趋势。从声带振动的频率来看，4 个松元音之间的频率大小关系依次为[ʉ]> [ɵ]，[i]>[e]，各元音之间频率相差 1 Hz，且男女声的趋势保持一致。

就声带接触松紧，即声带接触面积大小、接触时间长短而言，各元音在男女声中存在差异：①男声的松元音之间的声带接触松紧关系为[e]>[ɵ]、[i]>[ʉ]，也就是说男声在发元音[e]时，其声带接触相对松、声带接触面积少且接触时间相对短，而发元音[ʉ]时，声带接触相对紧、声带接触面积多且接触时间相对长，元音[ɵ]、[i]保持适中。另外，得知男声的 F0 与 OQ 呈反比关系。②女声的松元音之间的声带接触松紧关系为[ɵ]、[e]>[ʉ]>[i]，就是说女声在发元音[ɵ]、[e]、[ʉ]时，其声带接触相对松、声带接触面积少且接触时间相对短，而发元音[i]时，声带接触相对紧、声带接触面积多且接触时间相对长。

从声门关闭速率来看，4 个松元音在男女声中存在异同：①男声的松元音之间的声门关闭速率关系为[ɵ]>[i]>[e]>[ʉ]，说明男声发元音[ɵ]、[i]时，声门迅速关闭，慢速开放，而发元音[e]和[ʉ]时，声门关闭速度则较慢；②女声的松元音之间声门关闭速率关系为[ʉ]>[e]>[ɵ]>[i]，也就是说女声在发元音[ʉ]时，声门关闭速度较快，发元音[e]、[ɵ]时，声门关闭速度较慢，声门关闭速度最慢为发元音[i]时。

4.2 紧 元 音

阿拉善话紧元音有[ɐ]、[ɔ]、[ʊ]、[æ]、[œ]5个。下面，笔者将通过提取F0、OQ和SQ等参数分别对男女声嗓音特征的异同和紧元音之间的发声特点进行分析,旨在探讨蒙古语阿拉善话元音的发声生理表现，从而总结紧元音不同发声方式的嗓音特征及参数之间的相互关系。

4.2.1 男女声的紧元音嗓音特征

4.2.1.1 F0、OQ和SQ参数分析

图4.6为阿拉善话紧元音的男女声嗓音参数对比图。从中可以看出，男声和女声的F0差异很大。男声的F0均值为103 Hz，而女声的F0均值在248 Hz左右；就F0分布范围而言，男声的为95—113 Hz，频率波动不大(差值为18 Hz);女声则为214—268 Hz(差值为54 Hz);从数据结果来看，在阿拉善话紧元音中女声的 F0 均值比男声约高出145 Hz,且男声的音域范畴小于女声，差值在36 Hz左右(表4.1、表4.2)。

表4.1和表4.2分别汇总了阿拉善话的松紧元音的男女声嗓音参数。

表 4.1 阿拉善话的松紧元音的嗓音参数表（男）

项目		松元音				紧元音				
		[e]	[i]	[ə]	[ʁ]	[ɐ]	[ɔ]	[ʊ]	[æ]	[œ]
F0/Hz	平均值	103.3	104.0	104.4	105.1	101.5	100.5	103.1	105.5	105.9
	最小值	98.0	100.2	96.7	100.7	96.3	95.5	101.1	99.3	100.2
	最大值	107.6	108.1	108.1	109.7	108.1	104.0	107.6	113.1	110.3
OQ/%	平均值	50.7	49.4	49.7	48.1	49.3	48.7	47.0	51.2	50.6
	最小值	47.9	46.3	45.5	45.1	47.2	45.8	44.3	48.5	45.8
	最大值	70.5	62.2	62.3	65.7	59.8	60.1	57.2	60.0	63.1
SQ/%	平均值	297.3	323.5	354.6	287.0	349.9	365.2	366.7	316.1	378.9
	最小值	125.0	178.3	135.7	141.7	113.3	168.0	168.0	152.0	142.4
	最大值	400.0	464.7	506.3	429.4	464.7	531.3	560.0	493.3	526.7

表 4.2 阿拉善话的松紧元音的嗓音参数表（女）

项目		松元音				紧元音				
		[e]	[i]	[ɵ]	[ʉ]	[ɐ]	[ɔ]	[ʊ]	[æ]	[œ]
F0/Hz	平均值	245.3	251.3	251.9	253.8	234.0	249.8	242.5	260.8	257.6
	最小值	216.2	239.7	239.7	242.3	214.1	239.7	232.1	237.1	227.3
	最大值	253.4	259.4	259.4	262.5	250.6	265.7	265.7	272.2	268.9
OQ/%	平均值	52.4	50.2	52.4	52.3	52.2	50.4	52.9	52.6	53.6
	最小值	46.7	45.5	47.7	47.1	48.4	46.5	47.7	47.6	49.4
	最大值	56.4	57.0	59.1	56.8	59.0	55.1	60.7	58.1	61.5
SQ/%	平均值	218.7	207.9	216.7	231.4	256.0	224.0	240.2	231.3	262.2
	最小值	135.3	142.1	121.0	133.3	150.0	138.9	153.3	127.8	137.5
	最大值	350.0	290.9	272.7	366.7	462.5	340.0	377.8	340.0	425.0

就男女声的 OQ 来看，紧元音的男女声之间差异不大，男声的 OQ
均值为 49.4%，女声的为 52.4%，女声略高于男声；就 OQ 分布范围而
言，男女声的 OQ 分布较集中，男声为 44%—63%，女声则为 46.5%—
61.5%；从分析结果来看，在紧元音中女声的 OQ 均值略高于男声，
两者的值相差不大，这也说明男女声的声带开张度相似。

从 SQ 的数据可以看出，男声和女声之间差异也比较明显。男声
的 SQ 均值为 355%，女声的为 242%；就 SQ 分布范围而言，男声为
113%—560%，女声则为 127%—462%；从分析结果来看，在紧元音中
男声的 SQ 均值高于女声，相差 113%，说明男声的声门关闭速度较快，
而女声的声门关闭速度则较缓慢。另外，男女声 SQ 的上下限差异显
著，SQ 上限差值约为 100%，下限差值约为 15%。

4.2.1.2 紧元音的 F0 与 OQ、SQ 的关系

从紧元音的分析结果来看，男声的 F0 普遍低于女声，且差异显
著，这与松元音的情况一致，男声的 F0 低，且 OQ 也较小，女声则反
之，说明 OQ 和音调呈正比关系；从 SQ 来看，男声的 SQ 较大，女声

反之，说明 SQ 和音调呈反比关系，反映了男女声之间嗓音发声类型
的最基本和最重要的性质。

从图 4.6 中可以看出，紧元音男女声的 F0 与 OQ 和 SQ 的关系。
男声和女声之间 OQ 的变化不是很大；F0 和 SQ 的差异则较显著；男
声的 F0 普遍低于女声，SQ 则高于女声。

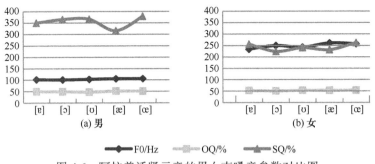

图 4.6　阿拉善话紧元音的男女声嗓音参数对比图

4.2.2　紧元音之间的嗓音特征分析

4.2.2.1　F0 分析

同样以男声的紧元音嗓音数据为例，分析阿拉善话紧元音之间的
嗓音特征。图 4.7 为阿拉善话紧元音的 F0 分布图（男）。从中可以看
出，紧元音[æ]和[œ]的 F0 频率相对高，元音[ʊ]和[ɐ]次之，元音[ɔ]的
频率值最低。生理上，说明在发元音[æ]和[œ]时，声带振动频率高，
其次为元音[ʊ]、[ɐ]，振动频率最低的是元音[ɔ]。与松元音不同，发紧
元音时 F0 变化幅度较小，有一段明显的稳定区域，能够看出紧元音
的 F0 相对集中，范围为 100—107 Hz。就各个紧元音 F0 范围而言，
它们之间很不相同：元音[ʊ]、[œ]、[æ]的频率下限都较高，在 100 Hz
左右，元音[ɐ]、[ɔ]的频率下限相对偏低，在 96 Hz 左右；元音[æ]和[œ]
的 F0 上限相对高，其次为元音[ɐ]、[ʊ]，元音[ɔ]的最低。

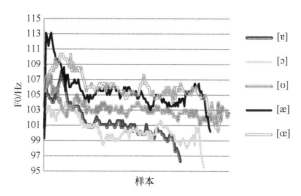

图 4.7 阿拉善话紧元音的 F0 分布图（男）

4.2.2.2 OQ 分析和 SQ 分析

图 4.8 为阿拉善话紧元音的 OQ 分布图（男）。从中可以看出，紧元音的 OQ 分布趋势一致（除了元音[œ]的前 1/3 音段 OQ 变化幅度较大外）。其中紧元音[æ]的 OQ 均值最大，其余 4 个元音的均值依次为[œ]>[ɐ]>[ɔ]>[ʊ]。这说明，在 5 个紧元音中，元音[æ]的声带接触相对松，而元音[ʊ]相对紧。从发音稳定段来看，紧元音的 OQ 集中在 45%—50%，与松元音相同。紧元音嗓音参数表中，就 OQ 的下限而言，各个元音之间差异较小，元音[æ]、[ɐ]的下限值稍大，元音[ʊ]为最小，元音[œ]和[ɔ]居中；而对于 OQ 上限，元音[œ]的上限值相对高（63%），元音[ɔ]、[æ]次之（60%左右），再其次为元音[ɐ]，元音[ʊ]最低。

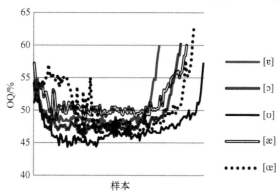

图 4.8 阿拉善话紧元音的 OQ 分布图（男）

为了便于分辨，笔者将 5 个元音分别画在两张图上，紧元音的 SQ 值交叠的较多。图 4.9 为阿拉善话紧元音的 SQ 分布图。从中可以看出，紧元音的 SQ 值域非常宽泛。其中元音[œ]的 SQ 值最大（378%），元音[ʊ]、[ɔ]次之，再其次为元音[ɐ]，元音[æ]最小（316%）。这说明，在 5 个紧元音中，发元音[œ]时其声门迅速关闭，而剩余 4 个元音发音时，其声门关闭速度相对缓慢。就 SQ 的上下限而言，元音[ʊ]和[ɔ]的上下限较高（168%—560%），其余 3 个音的上下限较低。

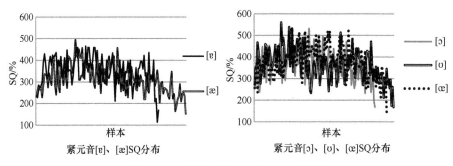

图 4.9　阿拉善话紧元音的 SQ 分布图

4.2.2.3　紧元音的噪音特征

从 5 个紧元音的分析结果来看，男女之间的声带振动模式差异同样很大。首先，男声的声带振动频率明显小于女声，男声和女声在发持续元音时，F0 频率分布趋势与松元音一样（图 4.7 和图 4.10）。紧元音男女声的声带开张度与松元音一致，其 OQ 为 45%—50%，男女声之间没有显著差异。其次，声门慢慢开启，男声的声门关闭速度较快，而女声的声门关闭速度则缓慢。

由上可知，5 个紧元音之间声带振动的关系比较微妙，能看出整体趋势。从声带振动的频率来看，各元音在男女声中存在差异：①男声各紧元音之间的频率大小关系依次为[œ]，[æ]>[ʊ]>[ɐ]>[ɔ]，各元音之间频率相差 2 Hz，就是说男声在发元音[œ]、[æ]时，声带振动频率

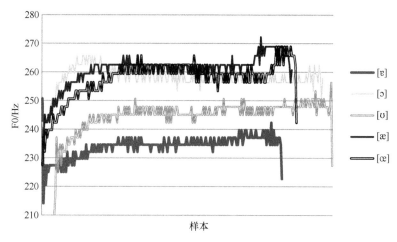

图 4.10　阿拉善话紧元音的 F0 分布图（女）

相对高，发元音[ʊ]时，频率值次之，声带振动频率最低的为元音[ɐ]、
[ɔ]。②女声紧元音之间的频率大小关系依次为[æ]，[œ]>[ɔ]>[ʊ]>[ɐ]，
说明女声在发元音[æ]、[œ]时，声带振动频率也是相对高，与男声一
样。在发元音[ɔ]、[ʊ]时，声带振动频率相对低，元音[ɐ]为最低。

　　就声带接触松紧而言，各元音在男女声中也很不相同：①男声紧
元音的声带接触松紧关系为[æ]>[œ]>[ɐ]>[ɔ]>[ʊ]，也就是说男声在发元
音[æ]、[œ]时，其声带接触相对松、声带接触面积少且接触时间相对
短，而发元音[ɔ]、[ʊ]时，声带接触相对紧、声带接触面积多且接触时
间相对长，元音[ɐ]保持适中；②女声紧元音的声带接触松紧关系为
[œ]>[ʊ]>[æ]>[ɐ]>[ɔ]，就是说女声在发元音[œ]时，其声带接触相对松、
声带接触面积少且接触时间相对短，而发元音[ɔ]时，声带接触相对紧、
声带接触面积多且接触时间相对长，元音[ʊ]、[æ]、[ɐ]为适中。

　　从声门关闭速率来看，5 个紧元音在男女声中存在异同：①男声
紧元音的声门关闭速率关系为[œ]>[ʊ]>[ɔ]>[ɐ]>[æ]，说明男声发元音
[œ]时，声门迅速关闭，慢速开放，而发元音[ʊ]和[ɔ]时，声门关闭速
度较慢，其次为元音[ɐ]，声门关闭速度最慢为元音[æ]；②女声紧元音

之间声门速率关系为[œ]>[ɐ]>[ʊ]>[æ]>[ɔ]，也就是说女声在发元音[œ]、[ɐ]时，声门关闭速度较快，发元音[ʊ]、[æ]、[ɔ]时，声门关闭速度较慢。

从上述结论来看，元音[æ]和[œ]的 F0、OQ 和 SQ 普遍高于其他 3 个元音。这也间接地说明这 2 个元音与其余元音之间在发声类型上有差异。

4.3 松紧元音对比分析

4.3.1 松紧元音的嗓音特征

蒙古语阿拉善话中松紧元音的嗓音特征不仅体现在男声和女声之间存在差异，在元音内部之间也有很多的异同。首先，男女之间的声带振动模式差异明显。女声的 F0 高于男声，这是由女生的生理结构决定的。男声的 F0 频率随着时间的增加而持续下降，女声的则先上升然后持续一段平稳的状态。其次，男女声的声带开张度相似，且男女声之间没有显著差异，说明蒙古语阿拉善话发声时开相等于闭相，与已有的研究结果一致。最后，声门慢慢开启，男声的声门关闭速度较快，而女声的声门关闭速度则较缓慢。

从元音内部之间的嗓音特征来看，声带振动的关系比较微妙。图 4.11 和图 4.12 分别给出了男声和女声各个元音的 OQ 和 SQ 随 F0 降低的变化情况。从图中可以看出，男女声之间差异很大。下面，笔者将具体来分析。

图 4.11 为阿拉善话男声的松紧元音参数示意图。从声带振动的频率来看，元音[œ]、[æ]、[ʉ]的频率较高，元音[ɵ]、[i]次之，再其次为元音[e]、[ʊ]，声带振动频率相对偏低的为元音[ɐ]和[ɔ]。这说明松元音的声带振动频率比较均衡，而紧元音的频率要么偏高，要么偏低。

就声带接触松紧而言，男声在发元音[ʊ]时，其声带接触相对紧，元音[ɔ]、[ʉ]次之，再其次为元音[ɚ]、[θ]、[i]、[œ]、[e]，元音[æ]为最松。整体来看，紧元音的声带接触相对紧（除了元音[œ]和[æ]），而松元音的则相对松。

从声门关闭速率来看，在发元音[œ]时，声门关闭相对快，元音[ʊ]、[ɔ]次之，再其次为元音[θ]、[ɚ]、[i]、[æ]，发元音[e]和[ʉ]时，声门关闭速度最慢，这两个元音的速率与前面几个元音相比，差异显著。整体来看，紧元音的声门关闭速率相对快，而松元音的较慢。

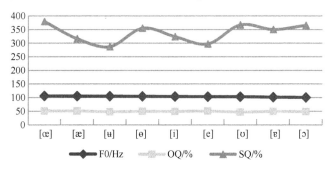

图 4.11　阿拉善话男声的松紧元音参数示意图

图 4.12 为阿拉善话女声的松紧元音参数示意图。就声带振动的频率而言，元音[œ]、[æ]的频率较高，元音[ʉ]、[θ]、[i]次之，再其次为元音[ɔ]、[e]、[ʊ]，声带振动频率相对偏低的为元音[ɚ]。松紧元音的分布情况基本与男声保持一致。

就声带接触松紧而言，女声在发元音[i]、[ɔ]时，其声带接触相对紧，元音[ɚ]、[ʉ]、[e]、[θ]、[æ]次之，这几个元音之间差异不显著，元音[ʊ]和[œ]的声带接触相对松。整体来看，无论是男声还是女声，在发元音[ɔ]、[ɚ]、[ʉ]时，声带接触都会相对紧一些，而发元音[œ]、[æ]、[θ]时，声带接触则会相对松。另外，发元音[ʊ]时，男声的声带接触相对紧，女声的相对松；在发元音[i]和[e]，女声的声带接触相对紧，男声的相对松。

从声门关闭速率来看，女声在发元音[œ]时，声门关闭相对快，元音[ɐ]、[ʊ]次之，再其次为元音[ʉ]、[æ]、[ɔ]、[e]、[θ]，发元音[i]时，声门关闭速度最慢。整体来看，不管是男声还是女声，在发元音[œ]、[ʊ]时，其声门关闭速率都相对快，而发元音[e]时速率则相对慢一些；此外，发元音[ʉ]、[æ]、[ɐ]时，男声的声门关闭速率相对慢，女声反之；而发元音[i]、[θ]、[ɔ]时，女声的声门关闭速率相对慢，男声则反之。

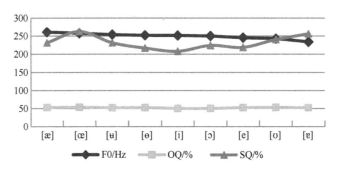

图 4.12　阿拉善话女声的松紧元音参数示意图

4.3.2　松紧元音的发声类型

在人类自然语音发音中,前元音舌位高点随着舌位的后缩而降低，而后元音的舌位高点则随着舌位的相对前伸而降低，因此构成了元音舌位的三角形图。从阿拉善话单元音的声学元音图中可以看到由元音[i]到元音[ɐ]的舌位降低且后缩,再由元音[ʊ]到元音[ɐ]的舌位降低且前移的情况。由此可以看出，蒙古语阿拉善话中松紧元音在舌位上的特点是一般元音舌位概念的普遍现象。

鲍怀翘和吕士楠对蒙古语察哈尔话的松紧元音的声道面积和共振峰振幅差值进行分析后得出松紧元音的共振峰振幅值有明显的差别，认为 F1 和 F2 的振幅差值是区分蒙古语元音松紧的有效参量（鲍怀翘，吕士楠，1992）。振幅差值越小，表明 F2 的振幅越高、能量越大，其谱形特点在音色上是比较响亮的，且因其在声学上、中、高频段的能量大，音色就会比较响亮、清脆。另外，从阿拉善话元音声学分析结果得知，紧元音的舌位都低于松元音，这与清格尔泰提到的有关紧元音口腔开口度稍大于松元音的说法是一致的。

下面，笔者将通过阿拉善话松紧元音的嗓音特征对其发声类型进行描述。传统语音学将阿拉善话元音[e]、[θ]、[ʉ]与[ɐ]、[ɔ]、[ʊ]分为松紧对立的三对元音。从松元音和紧元音的嗓音特征分析结果来看，它们之间是有一定差异的。从图 4.13 中可以看到，无论是男声还是女声，3 个松元音的 OQ 都普遍高于相对应的紧元音（除了元音[ʊ]）。OQ 高低与声带接触的松紧相关，也就是说，发紧元音时，声带会相对紧张。就 SQ 而言，不管是男声还是女声，紧元音的 SQ 都高于所对应的松元音，SQ 的大小与声门关闭速度有关，即发紧元音时，声门关闭速度相对快，而松元音的则相对缓慢。

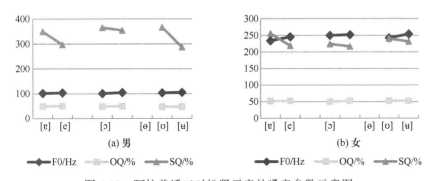

(a) 男　　　　　　　　　　(b) 女

图 4.13　阿拉善话三对松紧元音的嗓音参数示意图

嗓音常见的发声类型有正常嗓音（指正常的发声类型，即非病变嗓音）、紧喉音、挤喉嗓音、气嗓音、气泡音、假声和吸气嗓音。就蒙古语的发声特点而言，有人认为元音的紧张性是发声类型的区别特征，这种紧元音又叫紧喉元音，而所对应的松元音则属于正常嗓音。紧喉音在生理上发音时声带被挤压在一起，有时有叠加的情况。从上述分析得知，阿拉善话[e]、[ɵ]、[ʉ]三个松元音属于正常嗓音，而[ɐ]、[ɔ]、[ʊ]发音时声带会相对紧张。从声门波形来看，也有紧喉音的特色，即OQ 低、SQ 高，但是喉部器官的运动方式相当复杂而且会产生许多不同的音质，仅靠几个参数及细微差别无法判断这几个元音之间的具体差异，需要做进一步的动态声门及肌电实验的研究。

关于蒙古语元音[æ]和[œ]，它们并不属于蒙古语雏形时期原有元音体系，而是在书面语阳性词中元音[ɐ]和[ɔ]由于受元音[i]的发音部位影响而形成的具有区别意义的元音。这两个元音又被称为前化元音。正如清格尔泰所说的："这些元音不仅是前元音，也是在蒙古语发展历史过程中，后元音前化而形成的音。"（清格尔泰，1991）

下面，笔者将对比分析元音[æ]、[œ]和[ɐ]、[ɔ]的嗓音特征，讨论元音[æ]、[œ]的发声特点。

元音[æ]、[œ]的 F0 和 OQ 普遍都高于其他的元音，而 SQ 则不同。与元音[ɐ]、[ɔ]相比，无论是男声还是女声，发元音[æ]、[œ]时，声带振动频率都相对高，且声带接触相对松；就 SQ 而言，元音[œ]的声门关闭速度比元音[ɔ]的快，而元音[æ]的速度比元音[ɐ]的慢。分析结果表明，阿拉善话元音[æ]、[œ]属于正常嗓音。

蒙古语元音[i]是舌位最靠前且最高的元音，它的发音部位如此独特，说明其音质必定有别于其他元音，也就是说，在语音选择中它将承担区别意义的重任。因此在言语中，元音[i]不仅使前后音段前化、腭化，而且还会保持着本身的音质。从其嗓音特征来看，元音[i]有什么样的发声特点，这是值得我们关注的问题。从图 4.13 和表 4.1、表 4.2我们可以看到，元音[i]的 F0 在整个元音中均保持着居中的状态。就OQ 和 SQ 而言，男声保持居中的状态，而女声的则在整个元音中为最低，其表现如高音调嗓音一样，F0 高，OQ 和 SQ 低。笔者认为这是由于女声的声线本来就很高，难免会出现其 OQ 和 SQ 反而会很低的情况。

4.4　浊　辅　音

浊辅音发音时声带振动，也有自己特有的嗓音特征。蒙古语阿拉善话浊辅音包括鼻音（[n]、[m]、[ŋ]）、半元音（[w]、[j]）、边音[l]和闪音[r]。浊辅音在词中出现的位置不同，其嗓音特征也会有不同的表现。笔者主要分析双音节词中包含浊辅音的嗓音特征，并分为四种音节类型进行描述。音节类型为：①浊辅音出现在词首，即 cv#结构；②在非词首作为第一音节韵尾（vc#结构）；③在非词首作为第二音节首（#cv#结构）；④作为词尾（#vc 结构）。表 4.3 为阿拉善话浊辅音的嗓音参数表。下面，笔者将根据发音方法的不同对每类浊辅音的 F0、OQ 和 SQ 进行分析。

表 4.3　阿拉善话浊辅音的嗓音参数表

项目		[n]			[m]			[ŋ]			[l]		
		F0/Hz	OQ/%	SQ/%	F0/Hz	OQ/%	SQ/%	F0/Hz	OQ/%	SQ/%	F0/Hz	OQ/%	SQ/%
词首	cv#	98.9	51.9	311.0	100.1	52.9	304.9	—	—	—	99.0	51.3	289.8
非词首	vc#	97.3	52.3	262.9	—	—	—	103.6	51.3	273.2	97.0	52.4	274.6
	#cv#	111.6	53.1	301.8	109.0	55.1	317.7	—	—	—	108.8	52.5	291.2
	#vc	88.7	52.1	344.3	90.4	53.2	316.6	98.8	53.4	339.7	91.8	49.4	295.2

项目		[j]			[w]			[r]		
词首	cv#	100.4	48.6	367.5	—	—	—	95.0	54.5	218.7
非词首	vc#	—	—	—	90.5	57.8	233.8			
	#cv#	113.0	51.8	327.6	112.4	48.5	424.2	109.0	50.7	336.9
	#vc	96.1	49.4	427.1	85.8	49.9	431.6	86.7	51.9	354.3

注："—"代表数据库中未出现此类音节结构及对应的参数

4.4.1　F0 分析

从表 4.3 中可以看出，浊辅音为音节首（cv#结构、#cv#结构）时，其 F0 普遍高于作为音节尾时的 F0。在#cv#结构中，浊辅音的 F0 最高，作为词首（cv#结构）时 F0 次之，再其次为第一音节韵尾（vc#结构），而作为词尾（#vc 结构）时其 F0 最低。这说明发音结束时浊辅音的能量衰减很快。

在蒙古语中，[ŋ]一般不出现在音节首，作为音节尾[ŋ]的 F0 普遍高于[n]和[m]。在 cv#结构、#vc 结构中，[m]的 F0 高于[n]，二者相差 1.2 Hz；而在#cv#结构中，[n]的 F0 反而偏高，二者相差 2.6 Hz。鼻音的总 F0 均值为 98.4 Hz。

半元音[w]也不出现在音节首。从表 4.3 得知，在#cv#结构、#vc 结构中，半元音[j]的 F0 高于[w]，分别相差 0.6 Hz 和 10.3 Hz。其总 F0 均值为 101.5 Hz。另外，边音和闪音的 F0 平均分别为 99.2 Hz 和 95.3 Hz。

图 4.14 为阿拉善话浊辅音的 F0 值域示意图。从图中可以看出，浊辅音的 F0 范围大致为 80—120 Hz，各个浊辅音之间 F0 分布也有一定的差异。[r]和[n]的 F0 分布范围最宽，[m]、[l]分布次之，再其次为 [w]和[j]，分布范围最窄的是[ŋ]。就 F0 下限而言，[r]的 F0 下限最低（81 Hz），[j]的最高（101 Hz）；从 F0 上限来看，[n]的上限最高（123.5 Hz），上限最低为[ŋ]（104 Hz 左右）。由分析结果得知，[n]、[m]、[l]、[r] 的 F0 变化幅度较大，说明这几个浊辅音在不同的音节类型中它们的 F0 变化很大，而[w]、[j]、[ŋ]的 F0 分布相对集中，变化较小，也就是

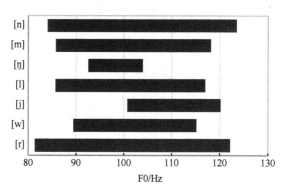

图 4.14　阿拉善话浊辅音的 F0 值域示意图

说，在各种不同音节类型中它们的 F0 变化相对稳定。从浊辅音的总 F0 均值来看，发浊辅音时它们声带振动频率大小关系依次为半元音>边音>鼻音>闪音。

4.4.2　OQ 分析

从表 4.3 中看出，浊辅音为第二音节首时（#cv#结构），其 OQ 都高于其他三种音节类型上浊辅音的 OQ（除了[w]和[r]）。这说明在发浊辅音时随着 F0 的提高，OQ 也会变高。

鼻音的 OQ 均值为 52.8%。在 cv#结构、#cv#结构、#vc 结构中，[m]的 OQ 都大于[n]；作为词尾（#vc 结构），[ŋ]的 OQ 值最大，其次为[m]和[n]；而为第一音节韵尾（vc#结构），[n]的 OQ 值大于[ŋ]。

半元音的 OQ 均值为 49.6%。在#cv#结构中，[j]的 OQ 值大于[w]；而在#vc 结构中，[w]的 OQ 值反而比[j]的大。

边音的 OQ 均值为 51.4%。在#cv#结构中，[l]的 OQ 值最大；在 vc#结构中[l]的 OQ 值次之；在 cv#结构中，[l]的 OQ 值再次之；在#vc 结构中，[l]的 OQ 值最小。

闪音的 OQ 均值为 53.7%。在 vc#结构中，[r]的 OQ 值最大；在 cv#结构中，[r]的 OQ 值次之；在#vc 结构中，[r]的 OQ 值再次之；在#cv#结构中，[r]的 OQ 值最小。

图 4.15 为阿拉善话浊辅音的 OQ 值域示意图。从图中可以看出，浊辅音的 OQ 范围为 45%—67%，每个浊辅音之间 OQ 分布存在一定的差异。[m]、[l]、[r]的 OQ 分布范围最宽，[n]的分布次之，再其次为[j]、[w]、[ŋ]。就 OQ 下限而言，[l]的下限最低，[ŋ]的下限最高；从 OQ 上限来看，[m]的上限最高，[w]的上限最低（51%左右）。由分析结果得知，[m]、[l]、[r]、[n]的 OQ 变化幅度较大，说明这几个浊辅音在不同的音节类型中的 OQ 变化很大，而[j]、[w]、[ŋ]的 OQ 分布

相对集中，变化较小，也就是说，在各种不同音节类型中它们的 OQ 变化相对稳定。从浊辅音的 OQ 均值来看，其大小关系依次为闪音>鼻音>边音>半元音。这说明浊辅音的声带接触松紧存在一定的差异性，即半元音的声带接触最紧，其次为边音和鼻音，而闪音的声带接触相对松一些。

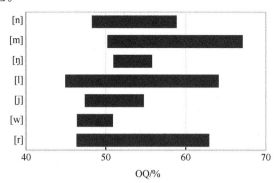

图 4.15　阿拉善话浊辅音的 OQ 值域示意图

4.4.3　SQ 分析

从表 4.3 中看，阿拉善话浊辅音作为词尾（#vc 结构）时，其 SQ 普遍都高于其他三种音节类型的情况（除了[m]）。说明在发浊辅音时随着 F0 降低，SQ 会变高。

鼻音的 SQ 均值为 308%。在 cv#结构、#vc 结构中，[m]的 SQ 值都小于[n]；而在#cv#结构中，[m]的 SQ 值都大于[n]；在#vc 结构中，[ŋ]的 SQ 值最大，其次为[n]和[m]；在 vc#结构中，[ŋ]的 SQ 值也大于[n]。

半元音的 SQ 均值为 395.6%。在#cv#结构、#vc 结构中，[j]的 SQ 值都小于[w]。

边音的 SQ 均值为 287.7%。在#vc 结构中，[l]的 SQ 值最大；在 #cv#结构中，[l]的 SQ 值次之；在 cv#结构中，[l]的 SQ 值再次之；在 vc#结构中，[l]的 SQ 值最小。

闪音的 SQ 均值为 285.9%。在#vc 结构中，[r]的 SQ 值最大；在

#cv#结构中，[r]的 SQ 值次之；在 vc#结构中，[r]的 SQ 值再次之；在 cv#结构中，[r]的 SQ 值为最小。

图 4.16 为阿拉善话浊辅音的 SQ 值域示意图。从图中可以看出，浊辅音的 SQ 范围为 139%—533%，它们之间 SQ 分布也很不相同。[l]、[r]、[n]、[m]的 SQ 分布范围最宽，[w]的分布次之，再其次是[ŋ]和[j]。就 SQ 下限而言，[m]的下限最低，[w]的下限最高（370%）；从 SQ 上限来看，[w]的上限最高，[j]上限最低（359%左右）。由分析结果得知，[l]、[r]、[n]、[m]的 SQ 值变化幅度较大，说明这几个浊辅音在不同的音节类型中的 SQ 变化很大，而[w]、[j]、[ŋ]的 SQ 分布相对集中，变化较小，也就是说，在各种不同音节类型中的 SQ 变化相对稳定。从浊辅音的 SQ 均值来看，其大小关系依次为半元音>鼻音>边音>闪音。由分析结果得知，半元音的声门关闭速度相对快，鼻音和边音的速度次之，而闪音的声门关闭速度相对缓慢。

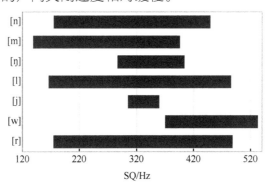

图 4.16　阿拉善话浊辅音的 SQ 值域示意图

4.4.4　浊辅音的嗓音特征

与元音相比，浊辅音的高频能量较弱，共振峰也普遍低于元音。从上述分析来看，蒙古语阿拉善话浊辅音的嗓音特征与松紧元音有着不一样的表现。浊辅音的 F0 值普遍低于松紧元音（除了在#cv#结构中 F0 高之外），其 OQ 反而比元音的高，但是 SQ 则不同。另外可以得知，浊辅音的声带振动频率相对于元音较低，而且声带接触也相对松。下面，笔者将按照不同的音节类型分析每个浊辅音内部之间的嗓音特征。

图 4.17 为阿拉善话浊辅音在 cv#结构中的嗓音参数示意图，浊辅音的顺序以 F0 的降序排列。阿拉善话中辅音[ŋ]和[w]一般不出现在词首，因而只对比分析其余的 5 个辅音。从图中可以看出，5 个辅音随着 F0 的降低，其 OQ 是呈上升的趋势，而 SQ 则大体呈现依次下降。辅音[j]的 F0 最高（100.4 Hz），OQ 最低（48.6%），SQ 最高（367%）；辅音[r]则反之。另外，[m]的 OQ 偏高（52.9%），[n]的 SQ 则稍高（311%）。在 cv#结构中，各个浊辅音的 F0 范围为 95—100 Hz，OQ 分布为 48%—54%，SQ 分布为 218%—367%。

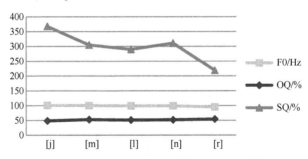

图 4.17　阿拉善话浊辅音在 cv#结构中的嗓音参数示意图

图 4.18 为阿拉善话浊辅音在 vc#结构中的嗓音参数示意图。从图中可以看出，4 个辅音随着 F0 的降低，其 OQ 是呈上升的趋势，而 SQ 则没有在 VC#结构中呈下降的趋势。鼻音[ŋ]、[n]的 F0 高，OQ 最低，而 SQ 居中；闪音[r]的 F0 和 SQ 最低（F0=90.5 Hz，SQ=233%），OQ 最高（57%）；边音[l]的 SQ 最高（275%）。在 vc#结构中，4 个浊辅音的 F0 范围为 90—104 Hz，OQ 分布为 51%—57%，SQ 分布为 233%—275%。

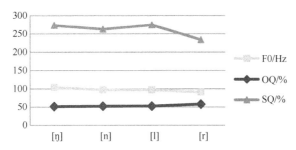

图 4.18　阿拉善话浊辅音在 vc#结构中的嗓音参数示意图

图 4.19 为阿拉善话浊辅音在#cv#结构中的嗓音参数示意图。从图中可以看出，半元音[j]、[w]的 F0 和 SQ 普遍高于其他 4 个辅音，其中[w]的 SQ 最高（424%），OQ 则普遍低于其他辅音；鼻音[m]、[n]的 OQ 较高（55%左右），SQ 则居中；闪音[r]的 SQ 偏高，而 OQ 偏低；边音[l]则 SQ 最低（290%）。在#cv#结构中，6 个浊辅音的 F0 范围为109—113 Hz，OQ 分布为 48%—55%，SQ 分布为 290%—424%。

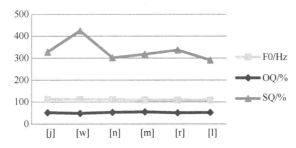

图 4.19　阿拉善话浊辅音在#cv#结构中的嗓音参数示意图

图 4.20 为阿拉善话浊辅音在#vc 结构中的嗓音参数示意图。从图中可以看出，在鼻音中，F0 和 OQ 值最高的为[ŋ]，辅音[m]次之，[n]最低；就 SQ 而言，[ŋ]和[n]的值偏高，而[m]则偏低；鼻音与其他辅音相比，OQ 偏高，SQ 居中。半元音[j]、[w]的 SQ 都高于其他 5 个辅音，其中[w]的 SQ 最高（431%），OQ 则普遍低于其他音，分别为 49.4%和 49.9%，另外，半元音[w]的 F0 最低（85 Hz）。边音[l]的 OQ 和 SQ最低（OQ=49%，SQ=295%）。闪音[r]的 F0 偏低（86 Hz），OQ 偏高，

而 SQ 居中。整体来看，在#vc 结构中，浊辅音的 F0 范围为 85—98 Hz，OQ 分布为 49%—53%，SQ 分布为 295%—431%。

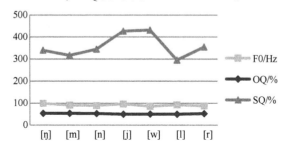

图 4.20　阿拉善话浊辅音在#vc 结构中的嗓音参数示意图

　　从上述分析结果来看，浊辅音在 4 个音节类型中体现不同的嗓音特征。表 4.4 中的数值表示阿拉善话浊辅音在不同音节类型中嗓音参数大小的对比情况。从表中看出，浊辅音作为词首（cv#结构）出现时，它的 F0、OQ 和 SQ 都偏低；作为第一音节韵尾（vc#结构）时，它的 F0 偏高，OQ 最高，而 SQ 最低；作为第二音节首（#cv#结构）时，它的 F0 最高，而 OQ 和 SQ 不会太低；作为词尾（#vc 结构）时，它的 F0 和 OQ 最低，而 SQ 最高。

表 4.4　阿拉善话浊辅音在不同音节类型中嗓音参数大小对比

项目	cv#结构	vc#结构	#cv#结构	#vc 结构
F0	2	3	4	1
OQ	2	4	3	1
SQ	2	1	3	4

注：1 表示参数最小，2 表示次之，3 表示略大，4 表示参数最大

　　从各类不同发音方法的浊辅音比较来看，鼻音[m]、[n]、[ŋ]嗓音特征为 F0 和 SQ 偏高或居中，且 OQ 也较高，但是在 vc#结构中，其 OQ 有偏低的现象。也就是说，鼻音作为第一音节韵尾（vc#结构）时，声带接触会相对变紧一些；就半元音而言，[j]、[w]的 F0 和 SQ 最高，OQ 则最低，但[w]作为词尾（#vc 结构）时，其 F0 会偏低，说明在词

的结尾，[w]辅音的能量衰减得较快；就边音[l]而言，其 F0 和 OQ 呈居中，SQ 在 cv#结构、#vc 结构、#cv#结构中最低，而在 vc#结构中则偏高，说明边音[l]作为第一音节韵尾（vc#结构）时，其声门关闭速度会相对变快；闪音[r]的 F0 最低，OQ 则最高，而 SQ 最低，但是在#cv#结构中其 SQ 会相对变高，且 OQ 变低。总体来说，阿拉善话浊辅音的嗓音特征的差异性不仅体现在音节类型中，而且还体现在不同的发音方法中。

4.5　小　　结

本章主要从四个方面讨论了蒙古语阿拉善话松元音的嗓音特征、紧元音的嗓音特征、松紧元音的对比分析及浊辅音的嗓音特征。主要结论如下。

4.5.1　松紧元音

1）蒙古语阿拉善话中松紧元音的嗓音特征不仅体现在男声和女声之间有差异，而且在元音内部之间也有很多的异同。首先，男女之间的声带振动模式差异明显。女声的 F0 高于男声，这是由女生的生理结构决定的。男声的 F0 频率随着时间的增加而持续下降，女声则先上升然后持续一段平稳的状态。其次，男女声的声带开张度相似，且男女声之间没有显著差异，说明蒙古语阿拉善话发声时开相等于闭相，与已有的研究结果一致。最后，声门慢慢开启，男声的声门关闭速度较快，而女声的声门关闭速度则缓慢。

2）阿拉善话元音[e]、[ə]、[ʉ]、[æ]、[œ]属于正常嗓音，而[ɐ]、[ɔ]、[ʊ]发音时声带会相对紧张，其声门波形中表现出紧喉音的特色，即 OQ 低、SQ 高，但是喉部器官的运动方式比较复杂，需要做进一步的研究。另外，元音[i]的 F0 在整个元音中均保持着居中的状态，OQ

和 SQ 在男女声中有别，女声的 OQ 和 SQ 在整个元音中为最低，其表现如高音调的嗓音一样，F0 高，OQ 和 SQ 低。笔者认为这是由于女声的声线本来就很高，难免会出现其 OQ 和 SQ 反而会很低的情况。

蒙古语阿拉善话的松紧元音在声带振动模式上的差异不是很大，不能够称为区别特征，而是在于舌位的前后变化产生区别意义。在对蒙古语松紧元音的气流气压研究中也可得出舌位的靠后使元音松紧有别的论点。虽然没有音系学的区别特征意义，但在语音学中其意义非常重大，我们能够看到蒙古语阿拉善话各个元音之间发声类型的差异。

4.5.2 浊辅音

阿拉善话浊辅音的嗓音特征差异不仅体现在音节类型中，而且还体现在不同的发音方法中。

1）浊辅音在词首出现时，其 F0、OQ 和 SQ 都偏低；作为第一音节韵尾时，其 F0 偏高，OQ 最高，SQ 最低；作为第二音节首时，其 F0 最高，而 OQ 和 SQ 不会太低；作为词尾时，其 F0 和 OQ 最低，而 SQ 则最高。

2）浊辅音的嗓音特征如下：就声带振动频率大小而言，半元音的声带振动频率最高，边音次之，再其次为鼻音，频率最低为闪音。就声带接触的松紧而言，半元音的声带接触最紧，其次为边音和鼻音，而闪音的声带接触则相对松一些。从声门关闭速度来看，半元音的声门关闭速度相对快，鼻音和边音的速度次之，而闪音的声门关闭速度则相对缓慢。这说明浊辅音之间的生理机制有别。

第 5 章
阿拉善话语音腭位特征

　　动态腭位研究是对辅音发音部位和发音方法的定量和定性的研究方法之一。自 1936 年，Moses 先生对语音腭位图进行分析至今，腭位静态和动态研究在语音学研究中得到了广泛应用（Hardcastle，1972；Fletcher et al.，1975）。很多语音学家做了多种语言的语音段腭位特征研究，其内容包括辅音的发音特征及腭化、协同发音、元音的弱化现象、舌体运动等。2010 年以来，蒙古语音段的腭位研究取得了一定的研究成果，呼和（2005）对蒙古语塞音、塞擦音的生理和声学时长进行了分析，认为塞音、塞擦音的生理时长远长于其声学时长，且在发音时间点上塞音与塞擦音之间存在差异。还有学者针对蒙古语特有的复辅音现象，提出了复辅音中前后辅音拥有共同的持阻段，其持阻段比作为独立辅音音位时的要长的观点（哈斯其木格，2006，2013）。另外，包桂兰（2010，2016）提出了基于 EPG 的蒙古语辅音格局并进行辅音的发音生理空间和约束度的量化研究。

在言语过程中，辅音不是孤立存在的，且辅音与元音构成音节的过程中，其发音部位发生了一定的变化。阿拉善话发音既有蒙古语的共性特征，也表现出其特有的个体特征，其辅音的发音动作不仅有自身的发音约束力，也存在前后元音的影响。下面，笔者将通过静态腭位图和舌线图来描述阿拉善话单辅音和复辅音的发音部位特点，探讨其辅音音段的腭位特征。

5.1 单 辅 音

蒙古语阿拉善话的基本单辅音按照发音器官分为双唇音、舌尖音（包括齿区音、齿龈前区音、齿龈后区音）及舌面音。双唇音的主动发音器官是双唇，一般认为双唇音没有舌位特征。舌尖音的主动发音器官为舌尖和舌叶，所对应的区域为齿龈脊前，舌面动作的自由度取决于与主动发音器官动作耦合的程度（Recasens，Palares，1999）。舌面音的主动发音器官是舌面前部或舌面后部，舌面前音所对应的区域为齿龈脊后坡度较高的硬腭，舌面后音对应的则是硬腭与软腭交界处附近。下面，笔者将在后接不同元音条件下分析其辅音的持阻段目标腭位参数及各个辅音的发音部位特点。

5.1.1 双唇音

阿拉善话双唇音包括不送气清塞音[p]、送气清塞音[pʰ]和鼻音[m]。由于双唇音与上腭没有接触，所以学者对于蒙古语双唇音的腭位研究较少。有学者认为，不送气塞音持阻过程中的舌腭接触取决于后接元音（周殿福，吴宗济，1963）。由声学分析结果得知，阿拉善话不送气塞音除阻后，过渡段的音征接后元音时，其音征走势为"降"，接前元音、央元音时，其音征走势为"升"。然而，送气塞音的音征走势混于送气段内，由于有了送气段而成为久音，其音征作用也就减少很多。发鼻音时，软腭打开，舌面上抬。声学分析得知，鼻音的音征走势一般为"平"或"降"，有时前接前元音时，其音征走势为"升"。从上述分析结果来看，双唇音的持阻段舌位主要受后接元音的舌位影响。

图 5.1 为阿拉善话后接不同元音下双唇音持阻段目标腭位接触

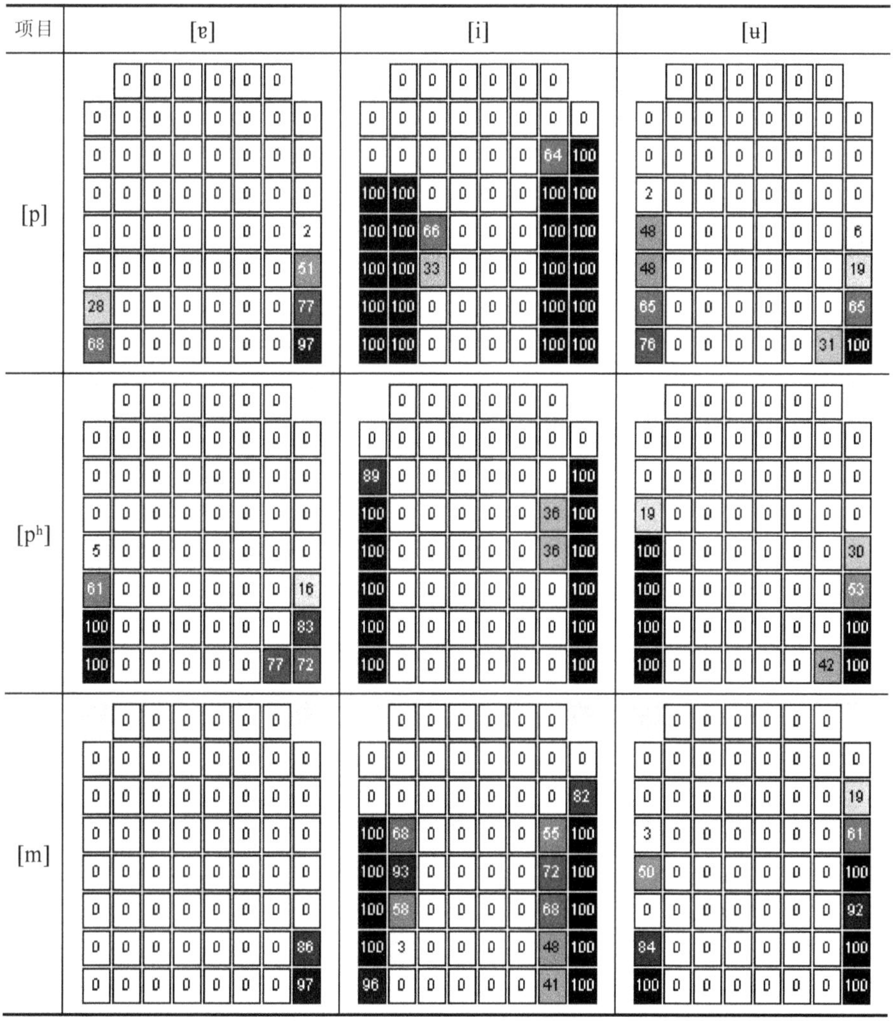

图 5.1　阿拉善话后接不同元音下双唇音持阻段目标腭位接触频率示意图

注：图中电极上的数字表示接触的频率，数值变化范围为 0—100%，下同

频率示意图。从图的第一列看出，在元音[ɐ]条件下，双唇音目标腭位的接触电极分布在 C1 和 C8 列后两行（R7—R8），其中塞音在第一列 R5—R6 行及第八列 R5—R6 行位置上的电极有不同程度的接触，而鼻音[m]在 C1 后部几乎没有接触。各个双唇音之间的接触面积的大小关系依次为[pʰ]>[p]>[m]。

后接元音[i]时，它们的目标腭位接触电极主要分布在 C1 和 C8 列上（除了 R1、R2），且几乎为满接触。由于唇音发音方式的不同，C2/C7列电极的接触频率存在一定差异。不送气塞音[p]的 C2/C7 列接触电极几乎为满接触，且 C3 列也出现一定程度的接触；而送气塞音[pʰ]的 C7 列或 R4—R5 行位置上电极有些接触；鼻音[m]则在 C2/C7 列电极接触频率较高。双唇音的接触面积的大小关系依次为[p]>[m]>[pʰ]。从接触电极分布来看，[pʰ]在前腭的接触频率比[p]的大。

后接元音[ʉ]时，其目标腭位接触电极主要分布在 C1 和 C8 列后半部。其中塞音在 C7/R8 位置上有一定接触，这说明舌面向软腭有抬起的动作。

通过上述观察可以得知：①阿拉善话双唇音的目标腭位受后接元音舌位高低的影响显著，后接元音[i]时，其持阻段的舌位较高，后接元音[ɐ]时，舌位最低，后接元音[ʉ]时舌位相对高，且靠前些。②不同发音方式双唇音的目标腭位受元音影响的程度不同。以元音[i]为例，不送气塞音持阻段的舌位最高，送气塞音次之，鼻音最低。这说明，双唇音对不同元音舌位动作的抗拒程度不同，塞音对后接元音舌位动作的抗拒程度较小，而鼻音的抗拒程度较大。

下面，笔者将比较后接元音[ɐ]、[i]、[ʉ]时三个双唇辅音的腭位参数。首先固定三个后接元音，以双唇音的发音方式为分类，对 RCA、ALV、PAL、VEL、COG、CC、CA、CP 参数值进行分析。从表 5.1 中可以看出，后接元音[ɐ]时，RCA、VEL、CC 的大小关系为送气塞音>不送气塞音、鼻音；送气塞音、鼻音和不送气塞音的 COG、CA 依次显著降低；塞音的 CP 显著高于鼻音的 CP。上述结果说明：后接元音[ɐ]时，送气塞音舌位要比不送气塞音和鼻音都要高且靠前；但就舌位前后而言，鼻音的舌位稍靠前，不送气塞音相对靠后。

表 5.1　阿拉善话双唇音不同元音下腭位参数比较

后接元音	RCA	ALV	PAL	VEL
[ɐ]	[m], [p]<[pʰ]	—	[m]<[pʰ]	[p], [m]<[pʰ]
[i]	[m]<[p], [pʰ]	[m], [p]<[pʰ]	[m]<[p]<[pʰ]	[m]<[p]<[pʰ]
[ʉ]	[p]<[m]<[pʰ]	[pʰ]<[m]	[p]<[m], [pʰ]	[p]<[m]<[pʰ]

后接元音	COG	CA	CC	CP
[ɐ]	[p]<[m]<[pʰ]	[p]<[m]<[pʰ]	[p], [m]<[pʰ]	[m]<[p], [pʰ]
[i]	[p], [m]<[pʰ]	[m], [p]<[pʰ]	[m]<[p]<[pʰ]	[m]<[p], [pʰ]
[ʉ]	[p]<[pʰ]<[m]	[p]<[pʰ]<[m]	[p]<[pʰ]<[m]	[p]<[m], [pʰ]

后接元音[i]时，送气塞音、不送气塞音和鼻音的 PAL、VEL、CC 依次显著降低；RCA、CP 的差异表现为送气塞音，不送气塞音>鼻音；而 ALV、CA 和 COG 的大小关系为送气塞音>不送气塞音，鼻音。这说明，后接元音[i]时，双唇辅音的持阻段舌位高度差异显著，送气塞音最高，其次为不送气塞音，鼻音则最低；但就舌位前后而言，送气塞音的舌位比不送气塞音和鼻音都要靠前。

后接元音[ʉ]时，鼻音、送气塞音和不送气塞音的 COG、CA、CC 依次显著降低；不送气塞音的 PAL、CP 明显低于其余两个音；RCA、VEL 的大小关系依次为送气塞音>鼻音>不送气塞音。上述结果说明，后接元音[ʉ]时，双唇辅音的持阻段舌位前后高低差异显著，鼻音的舌位最高且靠前，送气塞音次之，不送气塞音的舌位最低且靠后。另外，送气塞音的舌根有向软腭抬起的动作。

下面，笔者将以双唇音与上腭接触面积参数平均值画出平滑曲线图。在画曲线图时选取五个点，第一个点和第五个点分别是 ALV 值和 VEL 值的延伸（即这个平滑曲线图是舌体的侧面图，横坐标表示舌体，ALV 值表示齿龈区接触的舌尖位置，PAL 是硬腭区接触的舌尖位置，VEL 表示舌根的位置；纵坐标表示舌体抬起的高度）。从图 5.2 中可以看出，双唇辅音基本没有舌面抬起的动作，舌面中部送气塞音的较高，其次为鼻音，不送气塞音的较低。舌根部分也依次排列。

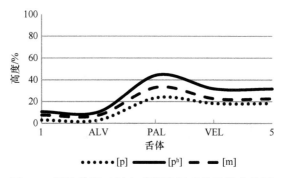

图 5.2　阿拉善话双唇音舌腭接触舌线平滑曲线图
注：横轴中 1 是 ALV 的延长，5 是 VEL 的延长，如果只用三个数据的话，舌线不形象，此类下同

从上述分析结果得知：阿拉善话双唇音在持阻段的舌位受到后接元音舌位高低的影响。①双唇音的目标腭位受后接元音舌位高低的影响，后接元音[i]时，其持阻段的舌位较高，后接元音[ʉ]时，舌位次之，后接元音[ɐ]时，舌位最低。②不同发音方式的双唇音受元音舌位影响的程度不同，塞音受元音动作影响最大，鼻音受元音动作影响较小。这说明双唇音对不同元音舌位动作的抗拒程度不同，塞音对后接元音舌位动作的抗拒程度较小，而鼻音的抗拒程度较大。

本书使用辅音协同发音阻力来描述这种差异。鼻音对舌体动作的控制较强，协同发音阻力较大；塞音对舌体动作的控制较弱，协同发音阻力则较小。从整体上看，双唇音的协同发音阻力较小。

5.1.2 舌尖音

5.1.2.1 齿区音

阿拉善话舌尖音分为齿区音、齿龈前区音和齿龈后区音。齿区音包括不送气清塞音[t]、送气清塞音[tʰ]、鼻音[n]和边音[l]。蒙古语标准音塞音的动态腭位研究发现，在塞音发音过程中，没有出现舌面抬高的现象，说明这些塞音的"舌腭收紧点都比较靠前"（包桂兰等，2010）。就鼻音而言，舌腭接触的面积较大，即覆盖整个前硬腭区，而边音的腭位两边"只有很薄的接触，并不完全闭塞"（包桂兰等，2010）。从 CA 值、CC 值来看，[n]和[l]的收紧点位置虽然基本相同，但边音[l]的舌位明显要比鼻音[n]低。

图 5.3 为阿拉善话后接不同元音的情况下齿区音持阻段目标腭位接触频率示意图。从图中看出，齿区音在 R1 行电极上形成阻塞，且塞音在后接元音[ɐ]时，其电极接触频率达到满接触；在 R2 和 R3 行也有一定程度的接触，送气塞音的接触频率比不送气塞音、鼻音和边音要大。然而在边音后接元音[ɐ]时，在电极后半部未有接触，表明边音的舌位很低。C2/C7 列和 R4/R5 行电极的接触频率明显受到后接元音的影响。

下面，笔者将以后接元音[ɐ]、[i]、[ʉ]时四个辅音持阻段的目标腭位参数来分析齿区音腭位参数的差异，以及三个元音对其目标腭位的影响。从表 5.2 中可以看出，后接元音[ɐ]时，送气塞音、不送气塞音、鼻音和边音的腭位参数依次降低（除了 ALV 和 COG）。其中，不送气塞音和鼻音的 ALV 值和 CA 值要大于送气塞音的 ALV 值和 CA 值，边音的 ALV 值和 CA 值仍然为最小；但就 COG 值而言，反而是边音的大，其次为鼻音，塞音最小。除此之外，不送气塞音的 PAL 值比送气塞音要大。上述结果表明，后接元音[ɐ]时，不送气塞音和鼻音舌位

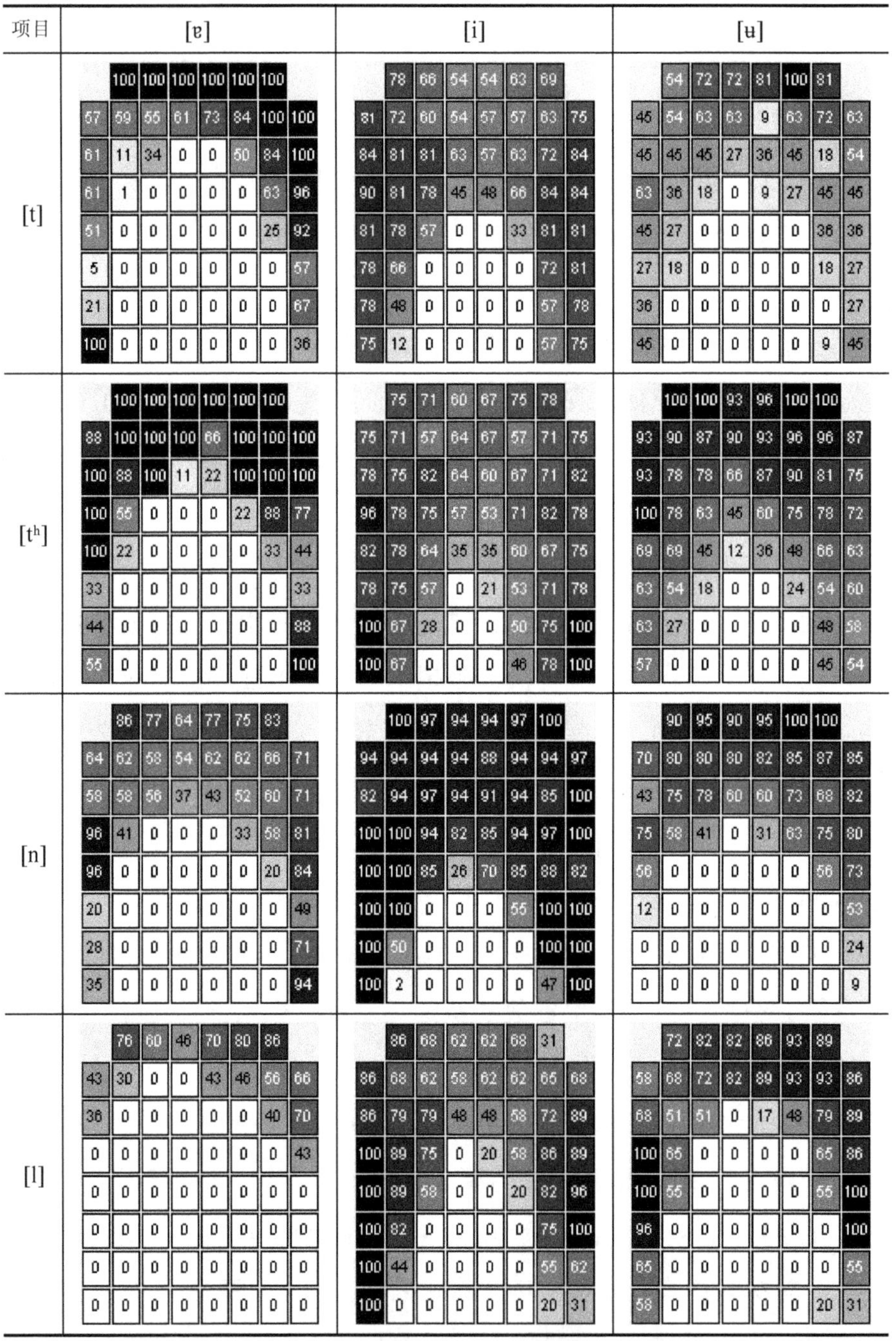

项目	[ɐ]	[i]	[u]

[t]

[ɐ]:
- 100 100 100 100 100 100
- 57 59 55 61 73 84 100 100
- 61 11 34 0 0 50 84 100
- 61 1 0 0 0 0 63 96
- 51 0 0 0 0 0 25 92
- 5 0 0 0 0 0 0 57
- 21 0 0 0 0 0 0 67
- 100 0 0 0 0 0 0 36

[i]:
- 78 66 54 54 63 69
- 81 72 60 54 57 57 63 75
- 84 81 81 63 57 60 72 84
- 90 81 78 45 48 66 84 84
- 81 78 57 0 0 33 81 81
- 78 66 0 0 0 0 72 81
- 78 48 0 0 0 0 57 78
- 75 12 0 0 0 0 57 75

[u]:
- 54 72 72 81 100 81
- 45 54 63 63 9 63 72 63
- 45 45 45 27 36 45 18 54
- 63 36 18 0 9 27 45 45
- 45 0 0 0 0 0 36 36
- 27 18 0 0 0 0 18 27
- 36 0 0 0 0 0 0 27
- 45 0 0 0 0 0 9 45

[tʰ]

[ɐ]:
- 100 100 100 100 100 100
- 88 100 100 100 66 100 100 100
- 100 88 100 11 22 100 100 100
- 100 55 0 0 0 22 88 77
- 100 22 0 0 0 0 33 44
- 33 0 0 0 0 0 0 33
- 44 0 0 0 0 0 0 88
- 55 0 0 0 0 0 0 100

[i]:
- 75 71 60 67 75 78
- 75 71 57 64 67 57 71 75
- 78 75 82 64 60 67 71 82
- 96 75 57 53 71 82 78
- 82 78 64 35 35 60 67 75
- 78 75 0 21 53 71 78
- 100 75 0 0 50 75 100
- 100 67 0 0 46 78 100

[u]:
- 100 100 93 96 100 100
- 93 90 87 90 93 96 96 87
- 93 78 78 66 87 90 81 75
- 100 63 45 60 75 78 72
- 69 69 45 12 36 48 66 63
- 63 54 18 0 0 24 54 60
- 63 27 0 0 0 0 48 69
- 57 0 0 0 0 0 45 54

[n]

[ɐ]:
- 86 77 64 77 75 83
- 64 62 58 54 62 62 66 71
- 58 58 56 37 43 52 60 71
- 96 41 0 0 0 33 58 81
- 96 0 0 0 0 0 20 84
- 20 0 0 0 0 0 0 49
- 28 0 0 0 0 0 0 71
- 35 0 0 0 0 0 0 94

[i]:
- 100 97 94 94 97 100
- 94 94 94 94 88 94 94 97
- 82 94 94 91 94 85 100
- 100 100 94 82 85 94 97 100
- 100 100 85 26 70 85 88 82
- 100 100 0 0 55 100 100
- 100 50 0 0 0 100 100
- 100 2 0 0 0 47 100

[u]:
- 90 95 90 95 100 100
- 70 80 80 80 82 85 87 85
- 43 75 78 60 60 73 88 82
- 75 58 41 0 31 63 75 80
- 56 0 0 0 0 0 56 73
- 12 0 0 0 0 0 0 53
- 0 0 0 0 0 0 0 24
- 0 0 0 0 0 0 0 9

[l]

[ɐ]:
- 76 60 46 70 80 86
- 43 30 0 0 43 46 56 66
- 36 0 0 0 0 0 40 70
- 0 0 0 0 0 0 0 43
- 0 0 0 0 0 0 0 0
- 0 0 0 0 0 0 0 0
- 0 0 0 0 0 0 0 0
- 0 0 0 0 0 0 0 0

[i]:
- 86 68 62 62 68 31
- 86 68 62 58 62 62 65 68
- 86 79 79 48 48 58 72 89
- 100 89 75 0 20 58 86 89
- 100 89 0 0 20 82 96
- 100 82 0 0 0 75 100
- 100 44 0 0 0 55 62
- 100 0 0 0 0 20 31

[u]:
- 72 82 82 86 93 89
- 58 68 72 82 89 93 93 86
- 68 51 51 0 17 48 79 89
- 100 65 0 0 0 0 65 86
- 100 55 0 0 0 0 55 100
- 96 0 0 0 0 0 0 100
- 65 0 0 0 0 0 0 55
- 58 0 0 0 0 0 20 31

图 5.3 阿拉善话后接不同元音的情况下齿区音持阻段目标腭位接触频率示意图

较高，送气塞音次之，边音最低；与送气塞音相比，不送气塞音有舌面抬起的动作；边音受元音[ɐ]的影响较小，塞音受后接元音的影响较大。

表 5.2　阿拉善话齿区音不同元音下腭位参数比较

后接元音	RCA	ALV	PAL	VEL
[ɐ]	[n]<[t]<[tʰ]	[l]<[tʰ]<[n], [t]	[n]<[tʰ], [t]	[l]<[n]<[t]<[tʰ]
[i]	[n]<[l]<[t]<[tʰ]	[t]<[n], [l], [tʰ]	[n]<[l]<[tʰ], [t]	[l]<[n]<[t]<[tʰ]
[ʉ]	[tʰ]<[t]	[l]<[n], [t], [tʰ]	[l]<[n]<[t]<[tʰ]	[l]<[n]<[t]<[tʰ]
后接元音	COG	CA	CC	CP
[ɐ]	[tʰ], [t]<[n]<[l]	[l]<[tʰ], [n], [t]	[l]<[n]<[t], [tʰ]	[l]<[n]<[t]<[tʰ]
[i]	[tʰ], [t]<[l]<[n]	[l]<[t], [n], [tʰ]	[l]<[n]<[tʰ], [t]	[n]<[l]<[t], [tʰ]
[ʉ]	[tʰ], [t]<[l], [n]	—	[l]<[n]<[t]<[tʰ]	[n]<[l]<[tʰ], [t]

后接元音[i]时，送气塞音、不送气塞音、鼻音和边音的 VEL、CC 依次显著降低；RCA、PAL 和 CP 的差异表现为塞音>鼻音>边音；不送气塞音的 ALV 值明显小于其他三个音；而 CA 的大小关系为塞音，鼻音>边音，COG 的差异则表现为鼻音>边音>塞音。上述结果表明，后接元音[i]时，舌尖前音的持阻段舌位高低前后差异显著，塞音和鼻音的舌位相对高且靠前，边音的舌位相对低且靠后些，边音舌面后部有上升的动作。鼻音受元音[i]的影响较小，其次为边音，塞音受影响较大。

后接元音[ʉ]时，送气塞音、不送气塞音、鼻音和边音的 PAL、VEL 和 CC 依次显著降低；不送气塞音 RCA 值、VEL 值比送气塞音大；边音的 ALV 值明显小于其他三个音；COG 的差异则表现为鼻音，边音>塞音。上述结果表明，后接元音[ʉ]时，塞音的舌位较高且靠前，其次为鼻音，边音最低。鼻音和边音受后接元音的影响较小。另外，与送气塞音相比，不送气塞音有舌面抬起的动作。

图 5.4 为阿拉善话齿区音舌腭接触舌线平滑曲线图。从图中可以

看出齿区辅音舌面抬起的变化动作。鼻音在齿区与上腭接触时抬起的高度最高，其次为塞音，边音较低。舌面中部抬起高塞音较高，其次为鼻音和边音，舌根部分也以此排列。另外，送气塞音的舌面抬起动作比不送气的高，且舌位变化较小。鼻音和边音的舌面后部受元音影响较强，其 VEL 值大于 PAL 值。

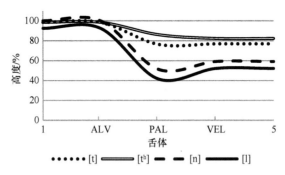

图 5.4　阿拉善话齿区音舌腭接触舌线平滑曲线图

　　从上述分析结果得知：后接元音对齿区音的主动发音器官的动作影响较小，对舌面中部和后部的影响较显著；齿区辅音对舌体发音动作的控制较强，主动发音器官的发音动作一般不受元音舌位的影响，元音对其舌面与硬腭的影响较显著。

5.1.2.2　齿龈前区音

　　阿拉善话中齿龈前区音包括不送气清塞擦音[ts]、送气清塞擦音[tsʰ]、清擦音[s]。其中齿龈前区音[tsʰ]、[ts]出现在除了元音[i]之外的元音之前。在声学分析中，舌尖音[tsʰ]后接元音[ɔ]、[e]时，后半段与后接元音的 F2、F3 相合；后接低元音[a]时，频谱能量分散，有时在低频区出现一些乱纹；而辅音[ts]则没有上述情况，低频区有时会出现能量较弱的乱纹。研究结果表明，清辅音[tsʰ]受后接元音的舌位影响显著；辅音[ts]受后接元音的舌位影响较小；擦音[s]的持阻段舌位稍有降低。包桂兰等在讨论蒙古语辅音发音部位格局时发现，擦音的“RCA 值相对小且其增加和减少过程比较缓”（包桂兰等，2010），并认为[s]是典型的齿龈清擦音。

图 5.5 为阿拉善话后接不同元音下齿龈前区音持阻段目标腭位接触频率示意图。从图中看出，三个辅音目标腭位的接触电极主要分布在 R1—R2 行（除了[ʦʰ]的接触电极在第一行），表明这些音在前三行

项目	[ɐ]	[i]	[ʉ]
[ʦ]	75 66 50 48 64 73 51 57 58 51 46 53 58 57 57 55 64 42 37 51 58 94 91 50 5 0 0 30 62 98 92 37 0 0 0 0 41 96 51 32 0 0 0 0 17 91 91 25 0 0 0 0 0 93 76 23 0 0 0 0 0 96	37 26 22 25 29 72 57 43 29 23 23 27 65 76 79 68 53 25 22 67 73 89 85 71 46 0 1 65 76 88 83 73 43 0 0 48 74 84 78 71 18 0 0 0 72 83 88 70 0 0 0 0 75 86 94 67 0 0 0 0 81 96	38 32 22 20 31 38 38 33 27 23 19 24 33 41 55 38 36 6 15 27 37 55 58 35 0 0 0 16 41 80 68 38 0 0 0 0 35 100 55 22 0 0 0 0 11 68 72 0 0 0 0 0 0 65 100 0 0 0 0 0 28 100
[ʦʰ]	34 28 25 30 21 84 100 0 0 0 0 0 34 100 100 0 0 0 0 0 100 100 100 0 0 0 0 0 100 100 100 0 0 0 0 0 78 100 97 0 0 0 0 0 0 100 100 0 0 0 0 0 0 100 100 0 0 0 0 0 0 100	54 23 16 12 18 79 54 50 24 14 13 16 52 98 83 54 51 0 0 36 98 100 100 77 29 0 0 67 98 100 100 76 15 0 0 31 94 100 88 68 2 0 0 0 87 97 96 59 0 0 0 0 81 100 93 55 0 0 0 14 91 100	22 15 8 6 13 15 33 22 15 11 6 11 15 20 46 33 24 8 0 11 20 57 42 26 0 0 0 2 24 93 73 28 0 0 0 0 26 100 57 24 0 0 0 0 15 82 71 17 0 0 0 0 4 92 86 8 0 0 0 0 86 100
[s]	76 69 39 0 65 76 81 72 65 20 0 60 69 74 76 65 65 0 0 62 69 90 81 0 0 0 0 0 69 90 81 0 0 0 0 0 25 88 53 0 0 0 0 0 0 79 60 0 0 0 0 0 0 85 67 0 0 0 0 0 0 88	78 46 4 0 25 72 80 69 25 4 0 17 62 96 95 71 64 0 0 54 89 100 97 43 9 0 0 15 96 100 97 27 0 0 0 0 95 100 90 25 0 0 0 0 30 100 91 23 0 0 0 0 32 100 89 20 0 0 0 0 39 100	56 41 5 0 35 68 54 50 37 0 15 39 58 86 68 52 49 0 0 49 72 92 92 37 0 0 0 13 70 94 88 31 0 0 0 0 49 96 68 0 0 0 0 0 5 92 70 0 0 0 0 0 0 90 66 0 0 0 0 0 27 100

图 5.5　阿拉善话后接不同元音下齿龈前区音持阻段目标腭位接触频率

形成阻碍，塞擦音和擦音在 C1 和 C8 列电极都有接触，即它们的持阻段舌形表现为两端高、中间低的特点，如"马鞍形"。后接元音[ɤ]时，送气塞擦音的电极两侧几乎为满接触，且只在 R1 电极有接触形成阻碍。C2/C7 列和 R3/R4 行不同程度地接触表明受到后接元音的影响显著。而擦音的收紧点位置在 C4/C5 列第二行上，且偏向右。这与发音人的个体发音特点有关。

下面，笔者将比较后接元音[ɤ]、[i]、[u]时，三个齿龈前区音的腭位参数。从表 5.3 中可以看出，后接元音[ɤ]时，ALV、CA 和 CC 的大小关系为送气塞擦音>不送气塞擦音>擦音；送气塞擦音、擦音、不送气塞擦音的 RCA、PAL、VEL、CP 依次显著降低；不送气塞擦音的 COG 比送气塞擦音和擦音明显要大。上述结果表明，后接元音[ɤ]时，送气塞擦音舌位高且靠前；不送气塞擦音的舌位较高，而擦音的舌面抬起动作显著。

表 5.3　阿拉善话齿龈前区音不同元音下腭位参数比较

后接元音	RCA	ALV	PAL	VEL
[ɤ]	[ts]<[s], [tsʰ]	[s]<[ts]<[tsʰ]	[ts]<[s]<[tsʰ]	[ts]<[s]<[tsʰ]
[i]	—	[s]<[ts]<[tsʰ]	[ts]<[s]<[tsʰ]	[s]<[ts]<[tsʰ]
[u]	[s], [ts]<[tsʰ]	[s]<[ts], [tsʰ]	[ts]<[s]<[tsʰ]	[ts]<[s]<[tsʰ]
后接元音	COG	CA	CC	CP
[ɤ]	[s]<[tsʰ]<[ts]	[s]<[ts]<[tsʰ]	[s]<[ts]<[tsʰ]	[ts]<[s]<[tsʰ]
[i]	[s]<[tsʰ]<[ts]	[s]<[ts]<[tsʰ]	[s]<[ts]<[tsʰ]	—
[u]	[tsʰ], [s]<[ts]	[s]<[ts], [tsʰ]	[s]<[ts], [tsʰ]	[ts]<[s], [tsʰ]

齿龈前区音后接元音[i]时，与后接元音[ɤ]的情况相似，只是擦音没有明显舌面上升的趋势，RCA、CP 的值不显著。

后接元音[u]时，送气/不送气塞擦音之间的 ALV、CA 和 CC 差异不显著；PAL、VEL 的大小关系依次为送气塞擦音>不送气塞擦音>擦音；不送气塞擦音的 COG 值比其他两个音明显要大，而 RCA 值却相对小；另外，擦音的 CP 值比不送气塞擦音的大。这说明，后接元音[ʊ]时，塞擦音的舌位较高，擦音的舌位较低而且有舌根上升的动作。

图 5.6 为阿拉善话齿龈前区音舌腭接触舌线平滑曲线图。从图中看出，齿龈前区塞擦音舌面上升最高，而擦音的较低。送气塞擦音的舌面中部和后部抬起高度最高，其次为不送气塞擦音，擦音的舌位较低。由于受后接元音的影响，其舌面后部抬起高度比舌面中部要高。

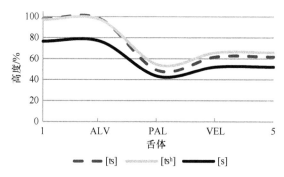

图 5.6　阿拉善话齿龈前区音舌腭接触舌线平滑曲线图

从上述分析结果得知：后接元音对齿龈前区音的主动发音器官的动作影响较小，舌面后部的影响比较明显；齿龈前区音对舌体发音动作的控制相对强，主动发音器官的发音动作一般不受后接元音舌位的影响，元音对其硬腭及软腭的影响显著。

5.1.2.3　齿龈后区音

阿拉善话中齿龈后区音包括不送气清塞擦音[ʧ]、送气清塞擦音[ʧʰ]、清擦音[ʃ]和闪音[r]。对蒙古语标准音的辅音腭位研究中发现，发齿音后区塞擦音时，"舌面会一定抬高"（包桂兰等，2010），其中送气塞擦音的舌面抬起更显著。与齿龈前区辅音比较，一些学者认为齿音后区擦音的接触面积相对小、接触电极的增加或减少的过程相对缓慢，且舌位相对高、靠后些。对闪音的动态腭位研究发现，发音过程中"舌面前中心下凹，舌两侧往内收缩"（哈斯其木格，2006），最紧张的发音部位是舌尖和舌叶。闪音的发音特征为舌尖与齿龈后区的接触是瞬间的，即舌尖瞬间拍打齿龈后区（只碰一次）。由于阿拉善话中闪音有三个变体，它们在声学分析结果中有异同，必定在舌腭接触上存在一定差异，这里只讨论闪音的腭位特征。

图 5.7 为阿拉善话后接不同元音下齿龈后区音持阻段目标腭位接触频率示意图。从图中看出，塞擦音目标腭位的接触电极主要分布在 R1—R3 行（不送气塞擦音在 R4 行都有接触），表明塞擦音在前三行形成阻碍；擦音的收紧点位置在 R3—R4 行中间的位置；塞擦音和擦音在 C1/C2 列和 C7/C8 列电极都有接触，与齿龈前区音相比，它们的持阻段舌形表现为马鞍形凹槽，两端更宽、中间缝隙更小。后接元音[i]时，送气塞擦音和擦音的电极两侧几乎为满接触。C3/C6 列不同程度地接触表明受到后接元音的影响显著。闪音则在 R3 行形成阻塞，后接元音[ʉ]时，R3 行中间两列未有接触，说明有气流通过形成擦段。

下面，笔者将比较后接元音[ɐ]、[i]、[ʉ]时，四个齿龈后区音的腭位参数。从表 5.4 中可以看出，无论是何种元音，齿音后区音的 PAL、VEL、CA 和 CC 的大小关系都为塞擦音>擦音>闪音；后接元音[ɐ]时，不送气塞擦音的 ALV 值比其他三个辅音都大；就 COG 而言，闪音的 COG 值反而很大，其次为不送气塞擦音和擦音，送气塞擦音最小；后接元音[i]时，COG 的差异表现为闪音>塞擦音>擦音。

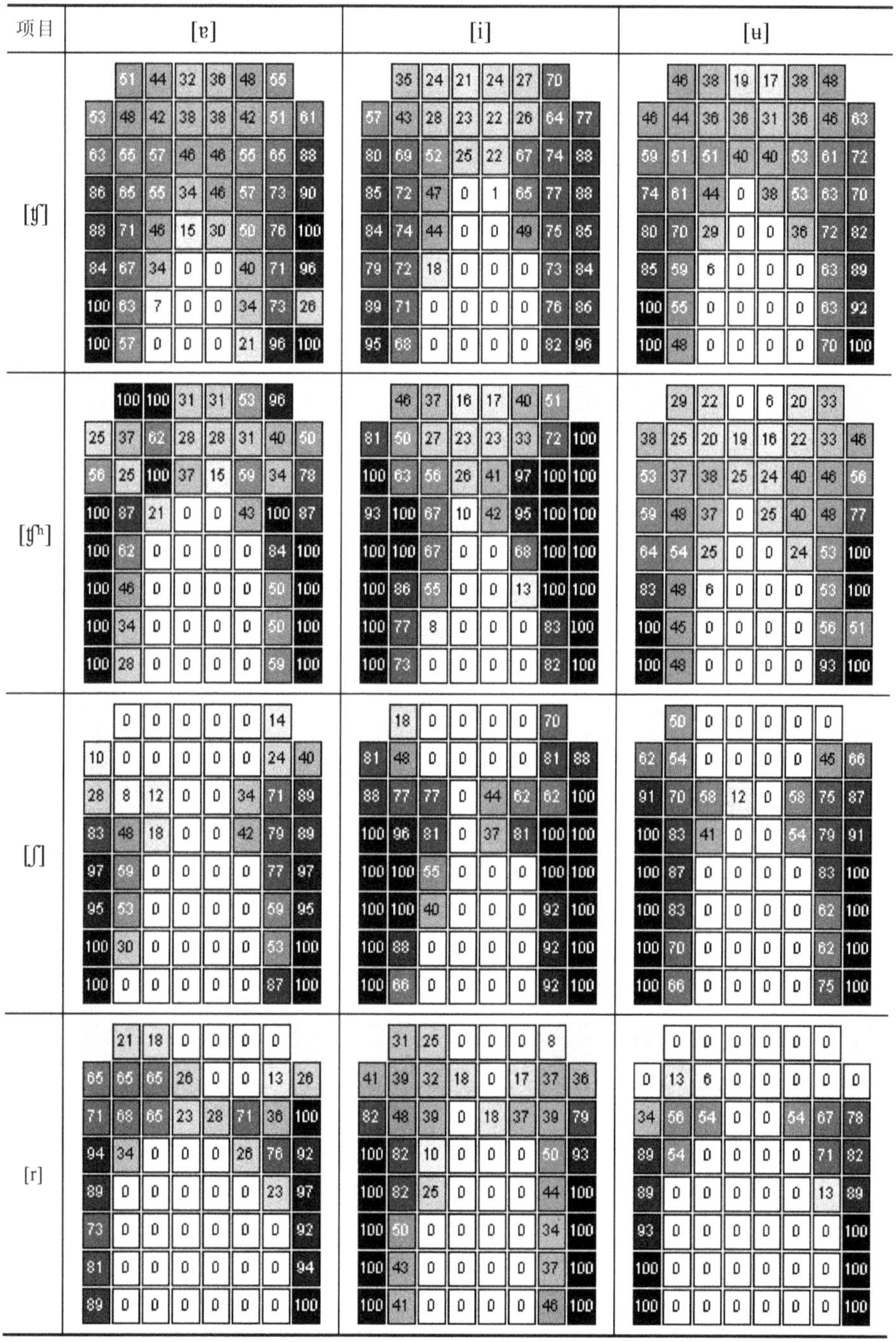

项目	[ɐ]	[i]	[u]

[ʧ]

[ɐ]:
```
      51 44 32 36 48 55
 53 48 42 38 38 42 51 61
 63 55 57 46 46 55 65 88
 86 65 55 34 46 57 73 90
 88 71 46 15 30 50 76 100
 84 67 34  0  0 40 71 96
100 63  7  0  0 34 73 26
100 57  0  0  0 21 96 100
```
[i]:
```
      35 24 21 24 27 70
 57 43 28 23 22 26 64 77
 80 69 52 25 22 67 74 88
 85 72 47  0  1 65 77 88
 84 74  0  0  0 49 75 85
 79 72 18  0  0  0 73 84
 89 71  0  0  0  0 76 86
 95 68  0  0  0  0 82 96
```
[u]:
```
      46 38 19 17 38 48
 46 44 36 31 36 46 63
 59 51 51 40 40 53 61 72
 74 61 44  0 38 53 63 70
 80 57  0  0  0 36 72 82
 85 59  6  0  0  0 63 89
100 55  0  0  0  0 63 92
100 48  0  0  0  0 70 100
```

[ʧʰ]

[ɐ]:
```
     100 100 31 31 53 96
 25 37 62 28 28 31 40 50
 56 25 100 37 15 59 34 78
100 87 21  0  0 43 100 87
100 62  0  0  0  0 84 100
100 46  0  0  0  0 50 100
100 34  0  0  0  0 50 100
100 28  0  0  0  0 59 100
```
[i]:
```
      46 37 16 17 40 51
 81 50 27 23 23 33 72 100
100 63 56 26 41 97 100 100
 93 100 67 10 42 95 100 100
100 100 67  0  0 68 100 100
100 86 55  0 13 100 100
100 77  8  0  0 83 100
100 73  0  0  0 82 100
```
[u]:
```
      29 22  0  6 20 33
 38 25 20 19 16 22 33 46
 53 37 38 25 24 40 46 56
 59 47 37  0 25 40 48 77
 64 54 25  0  0 24 53 100
 83 48  6  0  0  0 53 100
100 56  0  0  0  0 56 100
100 48  0  0  0  0 93 100
```

[ʃ]

[ɐ]:
```
       0  0  0  0  0 14
 10  0  0  0  0 24 40
 28  8 12  0 34 71 89
 83 48 18  0 42 79 89
 97 59  0  0  0 77 97
 95 53  0  0  0 59 95
100 30  0  0  0 53 100
100  0  0  0  0 87 100
```
[i]:
```
      18  0  0  0 70
 81 48  0  0  0 81 88
 88 77 77  0 44 62 62 100
100 96 81  0 37 81 100 100
100 100 55  0  0 92 100
100 100 40  0  0 92 100
100 88  0  0  0 92 100
100 66  0  0  0 92 100
```
[u]:
```
      50  0  0  0  0
 62 54  0  0  0 45 66
 91 70 58 12  0 58 75 87
100 83 41  0  0 54 79 91
100 87  0  0  0 83 100
100 83  0  0  0 62 100
100 70  0  0  0 62 100
100 66  0  0  0 75 100
```

[r]

[ɐ]:
```
      21 18  0  0  0  0
 65 65 65 26  0 13 26
 71 68 65 23 28 71 36 100
 94 34  0  0  0 26 76 92
 89  0  0  0  0 23 97
 73  0  0  0  0  0 92
 81  0  0  0  0  0 94
 89  0  0  0  0  0 100
```
[i]:
```
      31 25  0  0  0  8
 41 39 32 18  0 17 37 36
 82 48 39  0 18 37 39 79
100 82 10  0  0 50 93
100 82 25  0  0 44 100
100 50  0  0  0 34 100
100 43  0  0  0 37 100
100 41  0  0  0 46 100
```
[u]:
```
       0  0  0  0  0  0
  0 13  6  0  0  0  0
 34 56 54  0  0 54 67 78
 89  0 54  0  0  0 71 82
 89  0  0  0  0  0 13 89
 93  0  0  0  0  0  0 100
100  0  0  0  0  0  0 100
100  0  0  0  0  0  0 100
```

图 5.7　阿拉善话后接不同元音下齿龈后区音持阻段目标腭位接触频率示意图

表 5.4　阿拉善话齿龈后区音不同元音下腭位参数比较

后接元音	RCA	ALV	PAL	VEL
[ɐ]	[r]<[ʃ]<[ʧ]<[ʧʰ]	[r]<[ʃ]<[ʧʰ]<[ʧ]	[r]<[ʃ]<[ʧ]<[ʧʰ]	[r]<[ʃ]<[ʧ]<[ʧʰ]
[i]	[r]<[ʃ]<[ʧ], [ʧʰ]	[r]<[ʃ]<[ʧ]<[ʧʰ]	[r]<[ʃ]<[ʧ]<[ʧʰ]	[r]<[ʃ]<[ʧ]<[ʧʰ]
[ʉ]	[r]<[ʃ], [ʧ]<[ʧʰ]	[r]<[ʃ]<[ʧʰ]<[ʧ]	[r]<[ʃ]<[ʧ]<[ʧʰ]	[r]<[ʃ]<[ʧ]<[ʧʰ]
后接元音	COG	CA	CC	CP
[ɐ]	[ʧʰ]<[ʃ], [ʧ]<[r]	[r]<[ʃ]<[ʧʰ], [ʧ]	[r]<[ʃ]<[ʧ], [ʧʰ]	[r]<[ʃ]<[ʧ]<[ʧʰ]
[i]	[ʃ]<[ʧ], [ʧʰ]<[r]	[r]<[ʃ]<[ʧ], [ʧʰ]	[r]<[ʃ]<[ʧ], [ʧʰ]	[r]<[ʃ]<[ʧ], [ʧʰ]
[ʉ]	[r]<[ʧʰ]<[ʃ]<[ʧ]	[r]<[ʃ]<[ʧʰ], [ʧ]	[r]<[ʃ]<[ʧ], [ʧʰ]	[r]<[ʃ]<[ʧ]<[ʧʰ]

后接元音[ʉ]时，RCA、ALV、COG 差异较大，RCA 的差异表现为送气塞擦音>不送气塞擦音，擦音>闪音；ALV 的差异同后接元音[ɐ]的情况相似；COG 的大小关系为不送气塞擦音>擦音>送气塞擦音>闪音。上述结果表明：齿龈后区辅音之间在舌位高低前后为塞擦音的舌位相对高且靠前，擦音的次之，闪音的舌位较低；后接元音[ɐ]、[ʉ]时，不送气塞擦音的舌位比送气塞擦音相对靠前些；闪音受后接元音[ɐ]、[i]的影响较小，受后接元音[ʉ]的影响较大，但影响程度不高。

图 5.8 为阿拉善话齿龈后区音舌腭接触舌线平滑曲线图。从图中看出，齿龈后区塞擦音舌面上升最高，而擦音的较低，闪音的舌位最低。不送气塞擦音的舌尖与上腭接触的高度最高，送气塞擦音的舌面中部和后部抬起高度较高，表明阿拉善话不送气塞擦音的舌位相对靠前，其次为擦音的舌位居中，且舌线变化浮动较小，说明元音对其舌位的影响程度小。而闪音的舌位最低，由于受后接元音的影响其舌面后部抬起高度比舌面中部要高。

上述分析结果表明：后接元音对齿龈后区辅音的主动发音器官的动作影响较小，对舌面后部的影响比较显著；送气段对塞擦音的发音特征有明显的影响，但其缘由还有待于进一步的研究；闪音受后接元音的影响显著。

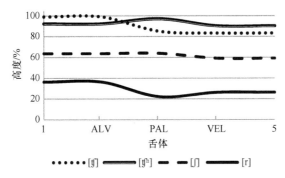

图 5.8　阿拉善话齿龈后区音舌腭接触舌线平滑曲线图

5.1.3　舌面音

　　阿拉善舌面音包括不送气清塞音[k]、送气清塞音[kʰ]和清擦音[x]。对于蒙古语舌面音的腭位未能显示软腭部分的接触，但是从硬腭和软腭的前部分接触中可以看到舌面音的发音特点。从对舌面不送气清塞音研究中发现，舌根与硬腭完全形成阻塞，并且硬腭部分的接触面积减少了许多。对于舌面清擦音的腭位特征，呼和认为它在闭音节或开音节中清擦音除阻动作的快慢不一（呼和，2009）。

　　图 5.9 为阿拉善话后接不同元音下舌面音持阻段目标腭位接触频率示意图。从图中看出，塞音的成阻位置主要在 R8 行，然而塞音在后接元音[ɐ]时和送气塞音后接元音[u]时都不在 R8 行形成阻塞，说明这两种情况下塞音的阻塞位置更靠后；后接元音[i]时，C1/C8 列电极基本为满接触，而其余两个元音条件下 R8 行的中间部分电极接触都低于 100%，这也说明塞音的成阻部位在软腭部分。

　　擦音的收紧点位置因后接元音的不同而产生差异。后接元音[ɐ]时，C1/C8 后两行有接触，收紧点位置较大；后接元音[u]时，C2/C7 的最后一行有接触，收紧点位置相对较小；后接[i]元音时，收紧点位置在 C4/C5 列后两行。

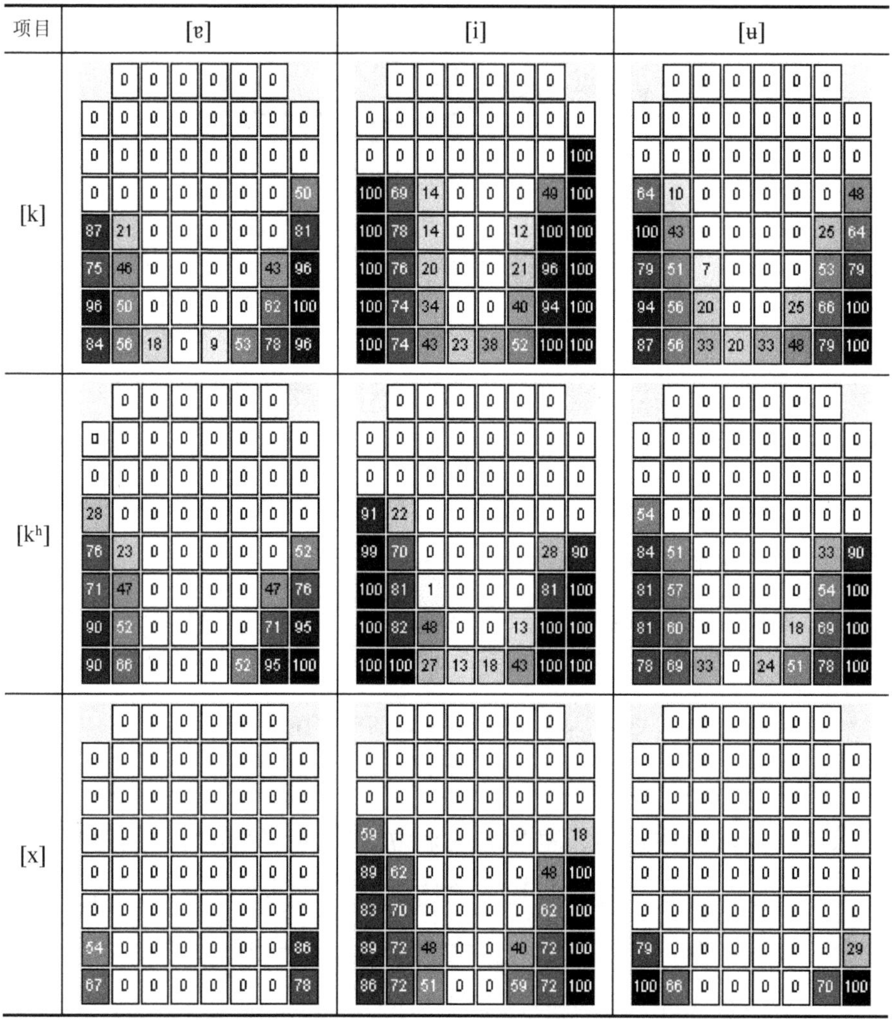

项目	[ɐ]	[i]	[ʉ]
[k]	0 0 0 0 0 0 0 0 0 0 0 0 0 0 0 0 0 0 0 0 0 0 0 0 50 87 21 0 0 0 0 81 75 46 0 0 0 43 96 96 50 0 0 0 62 100 84 56 18 0 9 53 78 96	0 0 0 0 0 0 0 0 0 0 0 0 0 0 0 0 0 100 100 69 14 0 0 0 49 100 100 78 14 0 0 12 100 100 100 76 20 0 0 21 96 100 100 74 34 0 0 40 94 100 100 74 43 23 38 52 100 100	0 0 0 0 0 0 0 0 0 0 0 0 0 0 0 0 0 0 64 10 0 0 0 48 100 43 0 0 0 25 64 79 51 7 0 0 53 79 94 56 20 0 0 25 66 100 87 56 33 20 33 48 79 100
[kʰ]	0 0 0 0 0 0 0 0 0 0 0 0 0 0 0 0 0 0 28 0 0 0 0 0 76 23 0 0 0 52 71 47 0 0 0 47 76 90 56 0 0 0 71 95 90 66 0 0 52 95 100	0 0 0 0 0 0 0 0 0 0 0 0 0 0 0 0 0 0 91 22 0 0 0 0 99 70 0 0 0 28 90 100 81 0 0 0 81 100 100 82 0 0 13 100 100 100 100 27 13 18 43 100 100	0 0 0 0 0 0 0 0 0 0 0 0 0 0 0 0 0 0 54 0 0 0 0 0 84 51 0 0 0 33 90 81 57 0 0 0 54 100 81 60 0 0 18 69 100 78 69 33 0 24 51 78 100
[x]	0 0 0 0 0 0 0 0 0 0 0 0 0 0 0 0 0 0 0 0 0 0 0 0 0 0 0 0 0 0 54 0 0 0 0 0 86 67 0 0 0 0 0 78	0 0 0 0 0 0 0 0 0 0 0 0 0 0 0 0 0 0 59 0 0 0 0 0 0 18 89 62 0 0 0 48 100 83 70 0 0 0 62 100 89 72 48 0 0 40 72 100 86 72 51 0 0 59 72 100	0 0 0 0 0 0 0 0 0 0 0 0 0 0 0 0 0 0 0 0 0 0 0 0 0 0 0 0 0 0 79 0 0 0 0 0 29 100 66 0 0 0 0 70 100

图 5.9　阿拉善话后接不同元音下舌面音持阻段目标腭位接触频率示意图

　　下面，笔者将对后接元音[ɐ]、[i]、[ʉ]时舌面音的腭位参数进行分析。从表 5.5 中，后接元音[ɐ]时，不送气塞音、送气塞音和擦音的 RCA、CC 依次降低；PAL、VEL 的差异表现为送气塞音>不送气塞音>擦音；擦音的 COG 值明显高于塞音，而其 CP 值则低于塞音；不送气塞音的 CA 值要比送气塞音和擦音低。这说明，舌面音后接元音[ɐ]时，不送气塞音的舌位较高，送气音次之，擦音的舌位较低；送气音的舌面后部有抬起的动作，而不送气音舌位相对靠后。

表 5.5　阿拉善话舌面音不同元音下腭位参数比较

后接元音	RCA	ALV	PAL	VEL
[ɐ]	[x]<[kʰ]<[k]	—	[x]<[k]<[kʰ]	[x]<[k]<[kʰ]
[i]	[x]<[kʰ], [k]	—	[x]<[kʰ]<[k]	[x]<[kʰ]<[k]
[ʉ]	[x]<[kʰ]<[k]	—	[kʰ]<[x], [k]	[x]<[kʰ]<[k]
后接元音	COG	CA	CC	CP
[ɐ]	[k], [kʰ]<[x]	[k]<[x], [kʰ]	[x]<[kʰ]<[k]	[x]<[kʰ], [k]
[i]	[kʰ]<[x]<[k]	[x], [kʰ]<[k]	[x]<[kʰ]<[k]	[x]<[kʰ], [k]
[ʉ]	[kʰ], [k]<[x]	[kʰ], [k]<[x]	[x]<[kʰ]<[k]	[x]<[kʰ], [k]

后接元音[i]时，不送气塞音、送气塞音和擦音的 PAL、VEL 和 CC 依次显著降低；擦音的 RCA 和 CP 值明显小于塞音；擦音的 COG 值比送气塞音的要大，CA 值两者的差异不是很大。这说明，不送气塞音的舌位较高且靠前，其次为送气塞音，擦音的舌位较低，然而送气塞音和擦音在舌位前后位置上差异不是很大。

后接元音[ʉ]时，RCA、VEL、CC 的差异大小关系依次为不送气塞音>送气塞音>擦音；擦音的 COG 值和 CA 值相对大于塞音，CP 值则小于塞音；PAL 的差异表现为不送气塞音，擦音>送气塞音。上述分析结果表明，后接元音[ʉ]时，不送气塞音的舌位相对高，其次为送气塞音，擦音的舌位较低；然而，擦音的舌位比塞音要靠前，且擦音的舌面中部有上升的动作。

图 5.10 为阿拉善话舌面音舌腭接触舌线平滑曲线图。从图中看出，不送气塞音和送气塞音的舌位没有太大的差别，擦音的舌面后部较低。从上述分析结果来看：首先，元音影响舌面音的收紧点位置；其次，不同元音条件下送气段对塞音的舌腭接触有不同，后接低元音

时不送气音的舌面较高,后接高元音时不送气音的舌面则低于送气音。

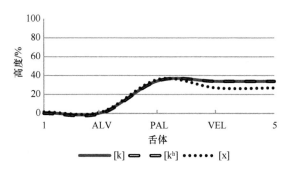

图 5.10　阿拉善话舌面音舌腭接触舌线平滑曲线图

5.2　复　辅　音

一般在连续语流中,音节首或音节尾位置出现的两个辅音邻接序列的现象叫作复辅音。学界普遍认为辅音的结合与发音器官的动作协调有关。从辅音的发音部位和发音方法的角度来讲,两个邻接辅音的发音存在一致性时往往可构成复辅音现象。在蒙古语口语中复辅音的现象也较常见,出现的位置往往是音节尾。辅音组合分为音节内的复辅音和音节间的辅音串两种。内蒙古大学蒙古学学院蒙古语文研究所(2005)主编的《现代蒙古语》一书中提到关于蒙古语复辅音的特征。该书认为,两个邻接辅音结合的可能性的多少,是由这些辅音的发音方法和发音部位决定的。陈秀梅(2004)曾对蒙古语察哈尔话辅音组合进行研究,发现音节内复辅音中,其后置辅音的生理时长长于前置辅音,从生理叠加时长来看,其前置辅音的生理时长的一半都包含在叠加时长内。哈斯其木格分析蒙古语复辅音时发现:“前后辅音都有相互影响的作用,并在时域上产生叠加的现象,使辅音组合中的各个辅音的发音部位和发音方法都会产生变化。”(哈斯其木格,2013)关于蒙古语辅音结合机制的问题,那达慕德(1986)也曾探讨过复辅音内部的协同发音机理的情况。那么，阿拉善话辅音的结合机理到底怎样，它们在音节中承担什么样的任务，下文中笔者将探讨阿拉善话复辅音的各个辅音之间结合的状态、发音特征及舌腭接触的情况。下面，笔者将复辅音以其前置辅音的不同发音部位（双唇音、舌尖音、舌面音）进行分类，从而描述其舌位特征。

5.2.1　双唇前置音

1）前置辅音为[p]的复辅音有[ptʰ]、[pt]、[pʧʰ]、[pʧ]、[ps]、[pʃ]6个。从图 5.11 中可以看出，[ptʰ]、[ps]、[pt]的 ALV 值较高（分别为 48.8%、42.2%、41%），说明这 3 个音发音时在齿龈区接触较多；而[pʧʰ]、[pʃ]、[pʧ]的 PAL 值较高（分别为 45.2%、42.6%、34.9%），也就是说，这些音发音时在硬腭区接触较多，即舌腭接触靠后。除了[pt]、[ps]的 VEL 值较低之外，其他音的值都较高（V>30.2%）。

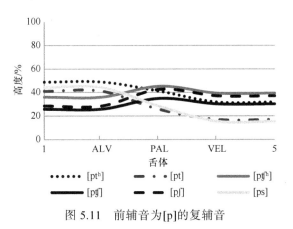

图 5.11　前辅音为[p]的复辅音

2）前置音为[m]的复辅音有[mtʰ]、[mt]、[mʧʰ]、[mʧ]、[ms]、[mʃ]6个。从图 5.12 中可以看出，各个音的 ALV 值相差不大（40.7%>V>36.4%），只有[mʧ]的最低。而[mʧʰ]、[mʧ]、[mʃ]的 PAL 值较高，其中[mʃ]的 PAL 值和 VEL 值最高（52.4%、40.3%）。后置辅音为塞音的复

辅音[mtʰ]、[mt]的 PAL 值和 VEL 值最低。

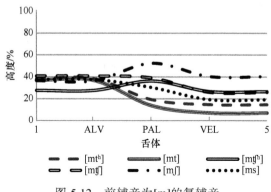

图 5.12　前辅音为[m]的复辅音

　　前置辅音为双唇音的复辅音在发音部位相同的情况下，其发音方法的差异表现出不同的发音特征：当前辅音为塞音[p]时，对后辅音为塞音或塞擦音的齿龈区有影响，是因前后辅音拥有共同的持阻特征；当前辅音为鼻音[m]时，对后辅音为擦音的硬腭区有影响，即对擦音的摩擦段有一定的影响。

5.2.2　舌尖前置音

　　1）前置音为[l]的复辅音有[ltʰ]、[lt]、[ltʂʰ]、[ltʂ]、[ls]、[lʃ] 6 个。从图 5.13 中可以看出，后置音为塞音、塞擦音的[ltʰ]、[lt]、[ltʂʰ]、[ltʂ]的 ALV 值较高（V>60%），这说明有共同持阻段的接触面积相对大；而后置音为擦音的[ls]、[lʃ]的 ALV 值较低（V<45%），即没有共同的持阻段的接触面积相对小；[ltʂʰ]的 PAL 值和 VEL 值最高，而[ls]的 PAL 值和 VEL 值最低，也就是相对于[ls]、[ltʂʰ]的舌位更靠后。

　　2）实验结果中发现，前置音为[n]的复辅音有[ns]、[nt]、[nʧ]3 个。从图 5.14 中可以看出，[nt]的 ALV 值最高，[nʧ]其次，[ns]最低。这表明，[nt]在齿龈区接触面积最多，舌尖抬起最高，[nʧ]其次，[ns]最低。而[nʧ]的 PAL 值和 VEL 值最高，也就是说，发此音时其舌尖靠

近硬腭，舌根隆起。[nt]的 VEL 值最低，与其他两个音相比，其舌根
位置最低。

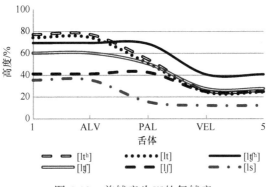

图 5.13　前辅音为[l]的复辅音

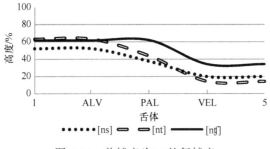

图 5.14　前辅音为[n]的复辅音

3）前辅音为[r]的复辅音有[rtʰ]、[rt]、[rs]、[rʃ]4 个。从图 5.15 中
可以看出，[rs]的 ALV 值最高（V>40），也就是说，在齿龈区接触面
积最多，舌尖抬起最高，而[rtʰ]、[rt]、[rʃ]的 ALV 值相差不大（V<40%）。
后辅音为擦音的[rʃ]复辅音的 PAL 值和 VEL 值最高，即舌尖靠向硬
腭，舌根隆起。

从腭位图的显示来看，[r]辅音在齿龈区接触最多在第二行（R2），
相比于[ls]和[ns]复辅音中的[l]、[n]音（在齿龈区接触最多在第一行），
其舌尖在齿龈区接触较靠后。因此，前置辅音为[r]的复辅音 ALV 值相
对较小。

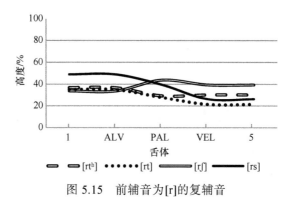

图 5.15　前辅音为[r]的复辅音

5.2.3　舌面前置音

1）前置辅音为[j]的复辅音有[jt]、[jtʰ]、[jʧ] 3 个。从图 5.16 中可以看出，[jtʰ]的 ALV 值最高（V=59.9%），[jt]的 ALV 值最低；[jʧ]的 PAL 值最高。这三个音的 VEL 值相差不大，但是接触值相对都较高(V>39.9%)，也就是说，发这些音时其舌体抬起较高。从[j]的腭位图来看，[j]是硬腭后区的擦音，其舌位也是较高的（ [jɤ]音的 VEL 值为 32.6%，[ji]的 VEL 值更高些 ）。

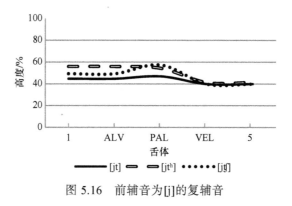

图 5.16　前辅音为[j]的复辅音

2）前置音为[x]的复辅音有[xtʰ]、[xʦʰ]、[xʧ]3 个。从图 5.17 中可以看出，[xʦʰ]的 ALV 值、PAL 值和 VEL 值最高，即[xʦʰ]的舌位较高；[xtʰ]和[xʧ]的 ALV 值和 VEL 值较低，但相差不大；[xʧ]的 PAL 值要比

[xtʰ]的高，这说明[xʧ]的发音更靠后。

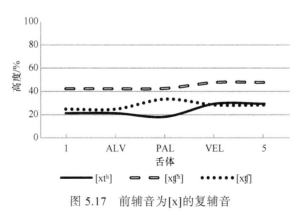

图 5.17 前辅音为[x]的复辅音

3）前辅音为[ŋ]的复辅音有[ŋk]、[ŋtʰ]、[ŋʧʰ]、[ŋʧ]4 个。从图 5.18 中可以看出，[ŋtʰ]、[ŋʧʰ]和[ŋʧ]的 ALV 值较高（V>40%）；复辅音[ŋk] 在齿龈区没有接触，硬腭区的接触也很少，其 ALV 值为 0；[ŋʧʰ]和[ŋʧ] 的 PAL 值、VEL 值较高，即这两个音的舌面靠近硬腭，舌根隆起较高。

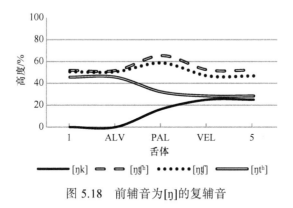

图 5.18 前辅音为[ŋ]的复辅音

4）前辅音为[k]的复辅音有[ktʰ]、[kt]、[ks]、[kʧ]4 个。从图 5.19 中可以看出，各个复辅音的曲线比较平稳，接触值较少（41.3%>V> 21.4%，在 R5 和 R6 行之间），证明舌位的变化不是很大；后辅音为塞擦音的复辅音[kʧ]的 PAL 值、VEL 值最高，其舌位相对高；[ks]的 PAL 值、VEL 值最低。

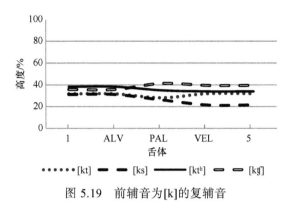

图 5.19　前辅音为[k]的复辅音

　　根据 EPG 提取的参数得出,蒙古语阿拉善话的复辅音发音方法及发音部位与相应的单辅音完全不同。复辅音中后置辅音受前置辅音的发音部位的影响较大,[tʰ]和[t]的区别不仅在于是否送气,同时还有舌位上的差异,[tʰ]的舌位相对于[t]的较高。因而,在复辅音中作为后置辅音的[tʰ]由于受前置辅音的影响其舌位会降低,而作为后置辅音的[t]的舌位则会提高。

5.3　小　　结

　　本章主要分析了阿拉善话单辅音和复辅音的腭位特征。其一,在阿拉善话单辅音中对 17 个辅音音位的静态腭位,以及后接元音对这些辅音的影响进行了分析。其二,讨论了阿拉善话复辅音中前后辅音之间结合的状态、发音特征及舌腭接触的静态腭位情况,得出如下结论。

5.3.1　单辅音的腭位特征

　　分析结果发现,后接元音对 17 个单辅音的舌位影响程度不同。双唇音的发音动作受元音的影响较小;元音对舌尖音的舌面动作影响较大,但对于舌尖成阻动作影响不显著;舌面音的舌位高度受元音舌位的影响。下面，笔者将从目标腭位的 8 个参数来看在所有元音条件下阿拉善话 17 个辅音的腭位参数变化（图 5.20）。

与其他辅音相比，双唇音的 8 个腭位参数变化最小，但 3 个双唇音之间存在一定的差异。元音[i]的舌位影响使辅音腭位参数变化的幅度扩大。从 ALV、PAL、VEL、CC、CA、COG 6 个参数来看，3 个双唇音腭位参数变化有一定的规律可循，表现为送气双唇塞音>双唇鼻音>不送气双唇塞音，说明送气双唇塞音受元音[i]的影响较大，其次为双唇鼻音，不送气双唇音塞的影响较小；就 RCA、CP 参数而言，双唇音的腭位参数变化表现为送气双唇塞音>不送气双唇塞音>双唇鼻音，说明不送气双唇塞音受元音[i]的舌位影响显著。综上所述，双唇音在持阻段的舌体动作变化显著小于其他的辅音，后接元音的舌位对双唇音的舌位特征影响较小。

齿区辅音的腭位参数变化程度与其他辅音存在差异，而且在 4 个齿区辅音之间也有不同。与双唇音相比，齿区音的 8 个腭位参数变化较大。4 个齿区音的 ALV、CA、CC 的变化较小，说明齿区音在舌位高度和前后没有太大的差异，即后接元音对齿区音的主动发音器官的动作影响较小。然而其他腭位参数在齿区清塞音和齿区浊音之间存在差异。就 RCA、PAL、VEL、CP 腭位参数而言，清塞音的值要比浊音的大，说明元音对齿区音的舌体动作有影响，且清塞音受影响程度大于浊音，其中边音的 CP 值在整个音段中为最低，这是由于发边音时舌体两侧均下降，无论后接何种元音，舌面两侧与上腭接触面积都会变小，同时后接高低元音的不同其舌体与上腭的面积存在差异。当后接高元音时，与上腭接触的面积较大，当后接低元音时，接触面积就会小甚至与硬腭或软腭没有接触，这样则会导致 CP 值的降低。除此之外，就 COG 值而言，浊音大于清塞音，表明齿区浊音受元音发音动作的影响小于齿区清塞音。

　　齿龈前区音的腭位参数变化小于齿区辅音的变化程度，但其内部辅音之间存在差异。齿龈前区辅音的 COG、CA、CP 腭位参数变化不是很大。从 RCA、PAL、VEL 来看，3 个齿龈前区音的腭位参数变化有一定的规律性，表现为送气塞擦音>不送气塞擦音>擦音，说明元音对齿龈前区音的舌体动作有影响；就 ALV、CC 参数而言，塞擦音的值大于擦音，即后接元音对齿龈前区塞擦音的主动发音器官的动作影响要小于擦音。

　　与其他辅音音段相比，齿龈后区音的腭位参数变化幅度最大（除了闪音）。4 个齿龈后区音之间的参数变化很不相同。从 ALV、CA、CC 可以看出 4 个齿龈后区音的舌位高度和前后差异，表现为送气塞擦音，不送气塞擦音>擦音>闪音，说明齿龈后区辅音的 COG、CP 腭位参数变化不是很大。就 RCA、PAL、VEL 的参数变化来看，这些辅音的大小关系依次为送气塞擦音>不送气塞擦音>擦音>闪音，说明后接元音对齿龈后区音的舌面中后部的动作有影响，送气塞擦音受元音发音动作的影响最大，以此类推。整体来看，闪音的腭位参数在全部辅音音段中变化较小。这再一次说明阿拉善话双唇鼻音、齿区边音和齿龈后区闪音等浊辅音受元音动作的影响相对弱，即浊辅音对舌体动作的控制越强，协同发音阻力则越大。

　　与上述几个辅音相比，舌面音的腭位参数变化程度较小。3 个舌面音的 ALV、PAL、VEL、COG、CA、CP 没有显著变化。而舌面塞音的 RCA、CC 明显大于同部位的擦音，说明舌面塞音的舌位比同部位擦音的要高。

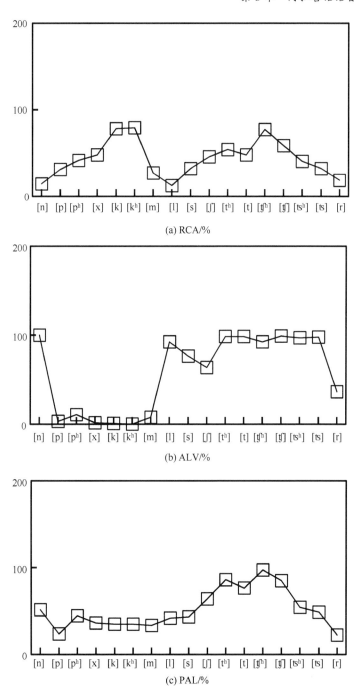

(a) RCA/%

(b) ALV/%

(c) PAL/%

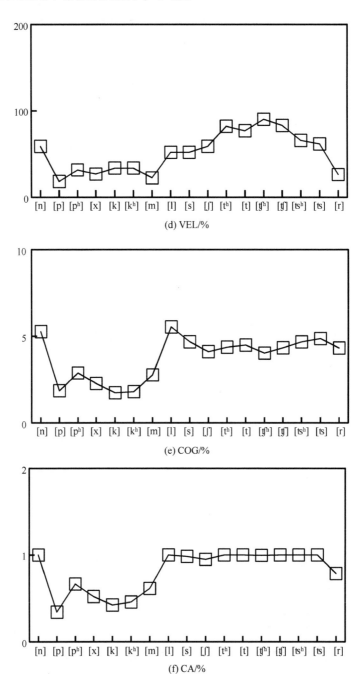

(d) VEL/%

(e) COG/%

(f) CA/%

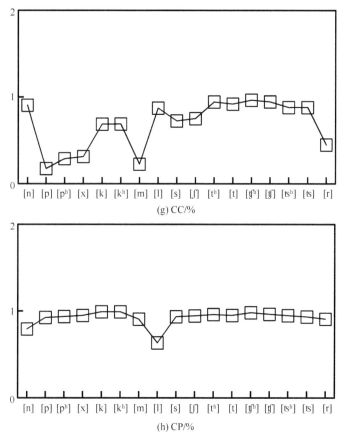

(g) CC/%

(h) CP/%

图 5.20　阿拉善话 17 个辅音的 8 个腭位参数变化

5.3.2　复辅音的腭位特征

在语言发展历程中，蒙古语复辅音的出现并不是偶然的。从现代蒙古语口语的语音变化规律来看，非词首音节中的元音弱化或省略导致在两个音节中辅音结合。蒙古语复辅音的发音现象有别于其他语言中复辅音的特征。阿拉善话复辅音的发音特征有别于单辅音。[tʰ]和[t]不仅区别于送气与不送气，并且在腭位图中[tʰ]的舌位相对于[t]较高。[s]是齿龈区擦音，[ʃ]是前硬腭区擦音，并且[ʃ]的舌位相对于[s]较靠后且高。[tʂʰ]和[tʃ]是典型的齿龈后区塞擦音，如同[ʃ]，其舌位相对靠后且高。从腭位图的显示来看，复辅音中拥有共同持阻段的接触面积相对大，而没有共同的持阻段的接触面积则相对较小。前置音为舌尖音时，在齿龈区舌腭接触越靠前其 ALV 值相对越高。后置辅音为擦音或塞擦音的复辅音，形成擦段需舌体的抬起，因而其 VEL 值最高。当 PAL 值大于 ALV 值时表明其舌腭接触靠后。

参 考 文 献

阿拉坦，2006. 蒙古语布里亚特土语元音声学分析. 呼和浩特：内蒙古大学硕士学位论文.

阿云嘎，2016. 蒙古语自然口语韵律短语及其音高研究. 呼和浩特：内蒙古大学硕士学位论文.

敖登格日乐，2009. 蒙古语元音和谐律声学分析. 呼和浩特：内蒙古大学硕士学位论文.

敖敦其木格，2004. 对蒙古语辅音的生理和声学分析. 呼和浩特：内蒙古大学硕士学位论文.

敖敏，2008. 蒙古语肃北土语元音声学研究. 呼和浩特：内蒙古大学硕士学位论文.

敖敏，熊子瑜，白音门德，2014. 蒙古语韵律短语的分类研究. 民族语文，(1): 76-81.

敖云那生，2012. 蒙古语阿拉善土语语音声学研究. 北京：中央民族大学博士学位论文.

敖云那生，呼和，2012. 蒙古语阿拉善话短元音声学分析. 西北民族大学学报（哲学社会科学版），(4): 176-183.

白梦璇，2005. 蒙古语阿拉善土语元音声学分析. 呼和浩特：内蒙古大学硕士学位论文.

白音朝克图，2007.方言学（蒙古文）. 呼和浩特：内蒙古人民出版社.

白音门德，2014. 蒙古语实验语音学研究. 呼和浩特：内蒙古人民出版社.

包桂兰，2010. 基于 EPG 的蒙古语语音研究. 内蒙古大学学报（哲学社会科学版），42（3）：141-144.

包桂兰，2016. 蒙古语标准音协同发音研究. 呼和浩特：内蒙古人民出版社.

包桂兰，哈斯其木格，呼和，2010. 蒙古语清擦音实验研究//第九届中国语音学学术会议论文集（内部资料）：182-187.

鲍怀翘，吕士楠，1992. 蒙古语察哈尔话元音松紧的声学分析. 民族语文，（1）：61-68.

鲍怀翘，郑玉玲，2001. 普通话动态腭位图数据统计分析初探//蔡莲红，周同春，陶建华，新世纪的现代语音学——第五届全国现代语音学学术会议. 北京：清华大学出版社：9-16.

鲍怀翘，林茂灿，2014.实验语音学概要（增订版）. 北京：北京大学出版社.

卜·图力更，巴·斯钦巴特尔，宝·包力高，等，1988. 现代蒙古语研究概论. 呼和浩特：内蒙古人民出版社.

查娜，2001. 蒙古语鄂尔多斯土语元音声学分析. 呼和浩特：内蒙古大学硕士学位论文.

陈肖霞，1997. 普通话音段协同发音研究. 中国语文，（5）：345-350.

陈秀梅，2004. 蒙古语察哈尔土语辅音组合"4×6"的声学和生理分析. 呼和浩特：内蒙古大学硕士学位论文.

道布，1983. 蒙古语简志. 北京：民族出版社.

哈斯其木格，2002. 蒙古语陈巴尔虎土语元音声学分析. 呼和浩特：内蒙古大学硕士学位论文.

哈斯其木格，2006. 蒙古语的复辅音问题. 民族语文，（3）：45-50.

哈斯其木格,2013. 基于动态腭位图谱的蒙古语辅音研究. 北京:中国社会科学出版社.

哈斯其木格，郑玉玲，2008. 普通话元音过渡与辅音腭位关系解析//《中国语音学报》编委会. 中国语音学报（第1辑）. 北京：商务印书馆：97-103.

红梅，2009. 哈穆尼堪人所使用的蒙古语元音声学分析. 呼和浩特：内蒙古大学硕士学位论文.

呼和，1997. 蒙古语辅音的长度问题//王炳锡. 语音图象与通信信号处理 第八届全国学术会议论文集（内部资料）：15-20.

呼和，2005. 基于 EPG 的蒙古语塞音、塞擦音研究. 内蒙古大学学报（人文社会科学版），（3）：17-24.

呼和，2009. 蒙古语语音实验研究. 沈阳：辽宁民族出版社.

呼和，2015a. 蒙古语标准话词首辅音谱特征分析. 满语研究，（2）：44-52.

呼和，2015b. 蒙古语标准话塞音塞擦音声学分析. 民族语文，（3）：59-66.

呼和，2018. 蒙古语语音声学研究. 北京：社会科学文献出版社.

呼和，确精扎布，1999. 蒙古语语音声学分析. 呼和浩特：内蒙古大学出版社.

呼和，曹道巴特尔，1996. 蒙古语察哈尔土语词末弱短元音的声学分析. 内蒙古大学学报（蒙文版），（3）：8-20.

呼和，周学文，2013. 基于 PAS 的蒙古语标准话辅音气流气压研究. 中央民族大学学报（哲学社会科学版），（2）：104-111.

胡方,2006. 电磁发音仪与宁波方言的元音研究//第七届中国语音学学术会议暨语音学前沿问题国际论坛论文集（内部资料）：55-60.

胡红彦，2011. 蒙古语标准音清擦音实验研究. 呼和浩特：内蒙古大学硕士学位
　　论文.

胡红彦，哈斯其木格，呼和，2010. 蒙古语边音/l/实验研究//第九届中国语音学学术
　　会议论文集（内部资料）：110-115.

贾拉森，2004. 阿拉善口语中的元音与元音和谐律. 蒙古语文，（9）：5-8.

孔江平，1999. 蒙古语声门阻抗参量的相关性及其分类//吕士楠，初敏，贺琳等. 现
　　代语音学论文集：第四届全国现代语音学学术会议. 北京：金城出版社：28-34.

孔江平，2001. 论语言发声. 北京：中央民族大学出版社.

孔江平，2008. 语音多模态研究和多元化语音学研究//《中国语音学报》编委会. 中
　　国语音学报（第1辑）. 北京：商务印书馆：55-63.

孔江平，2015. 实验语音学基础教程. 北京：北京大学出版社.

来兄，2015. 蒙古语韵律词的结构与声学特征的研究. 呼和浩特：内蒙古大学硕士学
　　位论文.

李俭，2004. 基于EPG的汉语普通话辅音的发音研究. 杭州：浙江大学硕士学位论文.

李俭，郑玉玲，2003. 汉语普通话动态腭位的数据缩减方法//第六届全国现代语音学
　　学术会议论文集（内部资料）：23-30.

李英浩，2010. 普通话/s/的动态发音过程和声学分析//第九届中国语音学学术会议论
　　文集（内部资料）：142-148.

林焘，王理嘉，1992. 语音学教程. 北京：北京大学出版社.

罗常培，王均，2002. 普通语音学纲要（修订本）. 北京：商务印书馆.

孟根图娅，2007. 阿拉善额济纳土语语音研究. 呼和浩特：内蒙古师范大学硕士学位
　　论文.

那达慕德，1986. 察哈尔土语辅音串. 蒙古语言文学，（2）：25-30.

纳·格日勒图，1985. 阿拉善土语的元音系统. 巴彦松布尔，（7）：10-25.

纳·格日勒图，1986a. 关于阿拉善土语的基本辅音. 蒙古语文，（4）：20-25.

纳·格日勒图，1986b. 书面语中元音延长音节与阿拉善土语元音间的对应关系. 巴
　　彦松布尔，（12）：14-31.

纳·格日勒图，1991. 阿拉善土语语音特征. 阿拉善方言，（1）：4-34.

纳·格日勒图，2011. 阿拉善方言元音特点研究. 内蒙古社会科学（蒙文版），（1）：
　　60-70.

娜仁高娃，2008. 郭尔罗斯蒙古话与科尔沁、巴林土语元音声学比较研究. 呼和浩特：
　　内蒙古大学硕士学位论文.

内蒙古大学蒙古学学院蒙古语文研究所，2005. 现代蒙古语. 呼和浩特：内蒙古人民
　　出版社.

诺尔金，1998. 标准音——察哈尔土语. 呼和浩特：内蒙古人民出版社.

平悦铃，2003. 上海方言单音节中塞音塞擦音腭位研究//第六届全国现代语音学学术
　　会议论文集（内部资料）：31-36.

平悦铃，2005. 上海方言语音动态腭位研究. 香港：香港文汇出版社.

清格尔泰，确精扎布，1959. 关于蒙古语辅音. 内蒙古大学学报，（1）：55-73.

清格尔泰，1979. 中国蒙古语方言的划分.民族语文，（1）：13-20.

清格尔泰，1991. 蒙古语语法. 呼和浩特：内蒙古人民出版社.

确精扎布，1989a. 蒙古语察哈尔土语元音的实验语音学研究. 民族语文，（4）：1-5.

确精扎布，1989b. 有关察哈尔土语复合元音的几个问题——用实验语音学方法研究的阶段性成果. 内蒙古大学学报，（4）：20-30.

其布热，2006. 蒙古语乌珠穆沁土语元音声学分析. 呼和浩特：内蒙古大学硕士学位论文.

赛音巴特尔，1986. 阿拉善土语某些特点与现代蒙古语对比. 阿拉善方言，（2）：33-43.

山丹，2007. 蒙古语标准音声学分析. 呼和浩特：内蒙古大学博士学位论文.

斯琴巴特尔，2005. 蒙古语方言学概论. 呼和浩特：内蒙古人民出版社.

斯琴毕力格，1982. 论阿拉善土语的某些音. 蒙古语文，（4）：29-36.

宋如布，1985. 阿拉善土语音位与标准音音位对照. 蒙古语文，（2）：46-57.

孙国华，1998. 普通话朗读话语中元音音段的协同发音. 中国社会科学院语言研究所语音研究室语音研究报告（内部资料）.

塔格塔，2016. 基于 PAS 的蒙古语标准音元音研究. 呼和浩特：内蒙古大学硕士学位论文.

图雅，2007. 卫拉特方言实验语音学研究. 呼和浩特：内蒙古大学博士学位论文.

瓦·斯钦，1998. 蒙古语方言学概要. 呼和浩特：内蒙古大学出版社.

王建斌，李永宏，郑文思，2011. 动态腭位信号处理分析平台的设计与实现. 西北民族大学学报（自然科学版），32（3）：30-36.

王玉兰，2008. 蒙古语青海土语与卫拉特方言、阿拉善土语元音声学比较研究. 呼和浩特：内蒙古大学硕士学位论文.

乌吉斯古冷，呼和，2010. 蒙古语朗读话语语调模式初探//中国民族语言学会第 10 届学术讨论会摘要集（内部资料）：31-32.

乌尼尔，2016. 蒙古语自然口语韵律词和韵律短语的音强研究. 呼和浩特：内蒙古大学硕士学位论文.

吴宗济，林茂灿，1989. 实验语音学概要. 北京：高等教育出版社.

许毅，1986. 普通话音联的声学语音学特性. 中国语文，（5）：353-360.

颜景助，1992. 普通话清塞音声母音节中元音共振峰模式及其协同发音研究. 中国社会科学院语言研究所语音研究室语音研究报告，（3）：30-54.

玉梅，2009. 喀尔喀方言与察哈尔土语元音声学比较. 呼和浩特：内蒙古大学硕士学位论文.

扎·巴图格日勒，1985a. 试探阿拉善土语的辅音结合. 西北民族学院学报，（1）：37-43.

扎·巴图格日勒，1985b. 试探阿拉善土语中的元音和谐律. 巴彦松布尔，（8）：42-48.

扎·巴图格日勒，1986. 关于阿拉善土语辅音. 巴彦松布尔，（12）：32-39.

扎·巴图格日勒，1989. 试探阿拉善土语中的语音变化. 蒙古语言文学，（3）：40-51.

张淑芹，2008. 蒙古语朗读话语语句重音实验研究. 呼和浩特：内蒙古大学硕士学位论文.

郑玉玲，刘佳，2006. 普通话辅音发音部位及约束研究——基于 EPG//第七届中国语音学学术会议暨语音学前沿问题国际论坛论文集（内部资料）：171-178.

郑玉玲，周学文，2011. 调音部位的分区与命名//第十一届全国人机语音通讯学术会议论文集（内部资料）：1-7.

周殿福，吴宗济，1963. 普通话发音图谱. 北京：商务印书馆.

C. 嫫嫫，Ю. 孟和-阿木古楞，1990. 现代蒙古语及其方言. 呼和浩特：内蒙古教育出版社.

Я.策布勒，2002. 简明蒙古语词典. 呼和浩特：内蒙古人民出版社.

Bayarmendu, 1999. Acoustic Analysis of Mongolian Vowels. Journal of the Altaic Society of Korea, (8): 155-176.

Baken R J, Orlikoff R F, 2000. Clinical Measurement of Speech and Voice. San Diego: Singular Thomson Learning.

Baumotte H, Dogil G, 2008. Coarticulation in non-native speakers of English: /əəlV/-sequences in non-proficient vs. proficient learners. ITRW on Experimental Linguisriucs, Athens: 37-40.

Benner U, Flechsig I, Dogil G, et al., 2007. Coarticulatory resistance in a mental syllabary. Proceedings of ICPhS XVI, Saarbrücken: 485-488.

Betts B J, Binsted K, Jorgensen C, 2006. Small-vocabulary speech recognition using surface electromyography. Interacting with Computers, 18(6): 1242-1259.

Browman C P, Goldstein L M, 1990. Tiers in articulatory phonology, with some implications for casual speech//Kingston J, Beckman M E. Papers in Laboratory Phonology I: Between the Grammar and Physics of Speech. Cambridge: Cambridge University Press: 341-376.

Brunner J, Fuchs S, Perrier P, 2009. On the relationship between palate shape and articulatory behavior. The Journal of the Acoustical Society of America, 125(6): 3936-3949.

Byrd D M, 1994. Articulatory timing in English consonant sequences. UCLA Working Papers in Phonetics 86, Ph.D. dissertation, UCLA.

Cao J F, Zheng Y L, 2006. Articulatory strengthening and prosodic hierarchy//Proceedings of Speech Prosody, Dresden: 289-292.

Cho T, Keating P, 2009. Effects of initial position versus prominence in English. Journal of Phonetics, 37: 466-485.

Dang J W, Honda K, 2004. Construction and control of a physiological articulatory model. The Journal of the Acoustical Society of America, 115(2): 853-870.

Delattre P, 1951. The physiological interpretation of sound spectrogram. Publication of the Modern Language Association of America,66(5): 864.

Demolin D, Metens T, Soquet A, 2000. Real time MRI and articulatory coordinations in vowels. Proceedings of the 5th Speech Production Seminar: 86-93.

Duanmu S, 2007. The Phonology of Standard Chinese. Oxford: Oxford University Press.

Engwall O, 2003. Combining MRI, EMA and EPG measurements in a three-dimensional tongue model. Speech Communication, 41: 303-329.

Fant G, 1960. Acoustic Theory of Speech Production: With calculations based on X-Ray studies of Russian articulations. Berlin: De Gruyter Mouton.

Farnetani E, Vagges K. Magno-Caldognetto E, 1985. Coarticulation in Italian /VtV/ sequences: A palatographic study. Phonetica, 42: 78-99.

Fitch W T, 2010. The Evolution of Language. Cambridge: Cambridge University Press.

Fletcher S G, McCutcheon M J, Wolf M B, 1975. Dynamic palatometry. Journal of Speech Language and Hearing Research, 18:812-819.

Fontdevila J, Pallares M D, Recasens D, 1994.The contact index method of electropalatographic data reduction. Journal of Phonetics, 22:141-154.

Fougeron C, 2001. Articulatory properties of initial segments in several prosodic constituents in French. Journal of Phonetics, 29: 109-135.

Fourcin A J, 1981. Laryngographic assessment of phonatory function// Ludlow C L, Hart M O. Proceedings of the Conference on the Assessment of Vocal Pathology, ASHA report 11:116-127.

Fowler C A, Brancazio L, 2000. Coarticulation resistance of American English consonants and its effects on transconsonantal vowel-to-vowel coarticulation. Language and Speech, 43(1):1-41.

Fulop S A, Fitz K, 2007. Separation of components from impulses in reassigned spectrogram. Journal of Acoustical Society of America, 121(3): 1510-1518.

Galantucci B, Fowler C A, Turvey M T, 2006. The motor theory of speech perception reviewed. Psychonomic Bulletin & Review, 13 (3): 361-377.

Gay T, 1981. Mechanism in the control of speech rate. Phonetica, 38(1-3): 148-158.

Ghazeli S, 1977. Back consonants and backing coarticulation in Arabic. Ph.D. dissertation, University of Texas at Austin.

Gibbon F, Hardcastle W J, Nicolaidis K, 1993. Temporal and spatial aspects of lingual coarticulation in /kl/ sequences: A cross-linguistic investigation. Language and Speech, 36(2-3): 261-277.

Gick B, 2002. The use of ultrasound for linguistic phonetic fieldwork. Journal of the International Phonetic Association, 32(2): 113-121.

Hardcastle W J, 1972. The use of electropalatography in phonetic research. Phonetica,25(4): 197-215.

Hardcastle W J, Gibbon F E, Jones W, 1991.Visual display of tongue-palate contact: Electropalatography in the assessment and remediation of speech disorders. British Journal of Disorders of Communication, 26: 41-74.

Hardcastle W J, Hewlett N, Munhall K G, 1999.Coarticulation: Theory, Data and Techniques. Cambridge: Cambridge University Press.

Hoole P, Hu F, 2004. Tone-Vowel Interaction in Standard Chinese. Proceedings of International Symposium on Tonal Aspects of Languages: Emphasis on Tone Languages, Beijing: 89-92.

Huhe H, 2003. A Basic Study of Mongolian Prosody. Helsinki: Publications of the Department of Phonetics, University of Helsinki.

Iskarous K, Fowler C A, Whalen D H, 2010. Locus equations are an acoustic expression of articulator synergy. The Journal of the Acoustical Society of America, 128(4): 2021-2032.

Joos M, 1948.Acoustic phonetics. Language, 24 (Suppl.): 1-137.

Kent R D, Read C, 1992. The Acoustic Analysis of Speech. San Diego: Singular Publishing Group Inc.

Kim H S, Honda K, Maeda S, 2005. Strobocopic-cine MRI study of the phasing between the tongue and the larynx in the Korean three-way phonation contrast. Journal of Phonetics, 33: 1-26.

Kim H S, Maeda S, Honda K, 2010. Invariant articulatory bases of the features [tense] and [spread glottis] in Korean plosives: New stroboscopic cine-MRI data. Journal of Phonetics, 38: 90-108.

Kondo Y, 2006. Within-word prosodic constraint on coarticulation in Japanese. Language and Speech, 49(3): 393-416.

Kong J P, 2007. Laryngeal Dynamics and Physiological Models: High Speed Imaging and Acoustical Techniques. Beijing: Peking University Press.

Ladefoged P, 2003. Phonetic Data Analysis: An Introduction to Fieldwork and Instrumental Techniques. Oxford: Blackwell Publishing Ltd.

Li Y H, Kong J P, 2011. Prosodic boundary effects on segment articulation and inter-segmental coarticulation in Standard Chinese. Proceedings of the ICPhS XVII, Hong Kong: 1218-1221.

Lindblom B, Sussman H, Modarresi G, et al., 2002. The trough effect: Implications for speech motor programming. Phonetica, 59: 245-262.

Ma L, Pascal P, Dang J W, 2009. A study of anticipatory coarticulation for French speakers and for Mandarin Chinese speakers. Chinese Journal of Phonetics, 2: 82-89.

Modarresi G, Sussman H, Lindblom B, et al., 2004. An acoustic analysis of the bidirectionality of coarticulation in VCV utterances. Journal of Phonetics, 32: 291-312.

Moisik S R, Esling J H, Bird S, et al., 2011. Evaluating laryngeal ultrasound to study larynx state and height. ICPhS XVII, Hong Kong.

Mok P K P, 2007. Influences on vowel-to-vowel coarticulation. Doctoral dissertation, University of Cambridge.

Mok P K P, 2010. Language-specific realizations of syllable structure and vowel-to-vowel coarticulation. The Journal of the Acoustical Society of America, 128(3): 1346-1356.

Mustafa K, Bruce I C, 2006. Robust formant tracking for continuous speech with speaker variability. IEEE Transactions on audio, speech and language processing, 14: 435-444.

Narayanan S, Nayak K, Lee S, et al., 2004. An approach to real-time magnetic resonance imaging for speech production. The Journal of the Acoustical Society of America, 115(4): 1771–1776.

Ohala J, 1997. Aerodynamics of phonology. Proceedings of 4th Seoul International Conference on Linguistics, 11-15 Aug: 92-97.

Ong D, Stone M, 1998. Three-dimensional vocal tract shapes in /r/ and /l/: A study of MRI, ultrasound, electropalatography, and acoustics. Phonoscope, 1: 1-13.

Rannaeva L, 2002. The Sound Database of the Buryat Language in the Collected Works Problems and Methods of the Experimental Phonetics Research, St.-Petersburg.

Recasens D, 2002. An EMA study of VCV coarticulatory direction. The Journal of the Acoustical Society of America,111(6): 2828-2841.

Recasens D, Pallares M D, 1999. A study of /J/ and /r/ in the light of the "DAC" coarticulation model. Journal of Phonetics, 27:143-169.

Recasens D, Espinosa A, 2005. Articulatory, positional and coarticulatory characteristics for clear /l/ and dark /l/: evidence from two Catalan dialects. Journal of the International Phonetic Association, 35(1): 1-25.

Recasens D, Espinosa A, 2007. An electropalatographic and acoustic study of affricates and fricative in two Catalan dialects. Journal of International Phonetic Association, 37(2): 143-172.

Recasens D, Espinosa A, 2009. An articulatory investigation of lingual coarticulatory resistance and aggressiveness for consonants and vowels in Catalan. The Journal of the Acoustical Society of America, 125(4): 2288-2298.

Recasens D, Fontdevila J, Pallares M D, et al., 1993. An Electropalatographic Study of Stop Consonant Clusters. Speech Communication, 12: 335-355.

Recasens D, Pallares M D, 2000. A study of F1 coarticulation in VCV sequences. Journal of Speech Language & Hearing Research, 43(2):501-512.

Seaver E J, Dalston R M, Leeper H A, et al., 1991. A study of nasometric values for normal nasal resonance. Journal of Speech Language & Hearing Research, 34: 715-721.

Stone M, 1990. A three-dimensional model of tongue movement based on ultrasound and X-ray microbeam data. The Journal of the Acoustical Society of America, 87: 2207-2217.

Stone M, 2005. A guide to analysing tongue motion from ultrasound images. Clinical Linguistics & Phonetics, 19(6-7): 455-501.

Svantesson J-O, 1990. Phonetic correlates of stress in Mongolian. International Conference on Spoken Language Processing,1:617-620.

Svantesson J-O, 1991. Vowel Palatalization in Mongolian. Acoustic Society of Japan, 5:102-105.

Svantesson J-O, Tsendina A, Karlsson A, et al., 2005.The phonology of Mongolian. Oxford: Oxford University Press.

Tabain M, 2000. Coarticulation in CV syllables: A comparison of Locus Equation and EPG data. Journal of Phonetics, 28: 137-159.

Tabain M, 2001. Variability in fricative production and spectra: Implications for the hyper-and hypo-and quantal theories of speech production. Language and Speech, 44(1): 57-94.

Tabain M, 2003. Effects of prosodic boundary on /aC/ sequences: Acoustic results. The Journal of the Acoustical Society of America, 113(1): 516-531.

Tatham M, Morton K, 2006. Speech Production and Perception. London: Palgrave Macmillan.

Tjaden K, 1999. Stress-induced variation in F2 trajectories as evidence for coproduction in CV syllables. Language and Speech, 42(4): 413-432.

Toda M, Honda K, 2003. An MRI-based cross-linguistic study of sibilant fricatives. Proceedings of the 6th International Seminar on Speech Production, Sydney: 1-6.

Torng P C, 2000. Supralaryngeal articulator movements and laryngeal control in Mandarin Chinese tonal production. PhD dissertation, University of Illinois, Urbana-Champaign.

Toutios A, Margaritis K, 2008. Estimating electropalatographic patterns from the speech signal. Computer Speech and Language, 22: 346-359.

Vazquez-Alvarez Y, Hewlett N, 2007. The "trough effect": An ultrasound study. Phonetica, 64(2-3): 105-121.

Wrench A A, Hardcastle W J, 2000. A multichannel articulatory speech database and its application for automatic speech recognition. Proceedings of the 5th Seminar on Speech Production: 305-308.

Wrench A A, 2007. Advances in EPG palate design. International Journal of Speech-Language Pathology, 9(1): 3-12.

Xu Y, Li F, 2006. Tonal alignment, syllable structure and coarticulation: Toward an integrated model. Italian Journal of Linguistics, 18: 125-159.

Zheng Y L, Bao H Q, 2002. Research on the semivowel by dynamic palatogram in standard Chinese. International Symposium on Chinese Spoken Language Processing(ISCSLP 2002): 123-126.

Zheng Y L, Cao J F, Bao H Q, 2006. Coarticulation and prosodic hierarchy. Report of Phonetic Research 2006: 135-140.

附录A 阿拉善蒙古语词表

A.1 短元音

元音	字号	词首			字号	非词首		
		蒙古文	国际音标	汉义		蒙古文	国际音标	汉义
[a]	1	ᠠᠬᠠ	[ax]	哥哥	1	ᠠᠷᠠᠣ	[araw]	十
	2	ᠠᠩ	[aŋ]	狩猎	2	ᠠᠰᠠᠷ	[asar]	楼房
	3	ᠠᠷ	[ar]	后面、阴面	3	ᠠᠲᠠᠷ	[atʰar]	荒地
	4	ᠠᠲ	[at]	贬低	4	ᠠᠯᠠᠭ	[alak]	花色的
	5	ᠠᠶ	[aj]	音调、曲调	5	ᠠᠲᠠᠭ	[atak]	最后、末尾
[e]	1	ᠡᠨ	[en]	这个	1	ᠡᠯᠡᠭ	[elek]	肝
	2	ᠡᠬ	[ekʰ]	母亲、大地	2	ᠡᠽᠡᠨ	[etsen]	主人
	3	ᠡᠮ	[em]	药	3	ᠡᠯᠡᠰ	[eles]	沙地
	4	ᠡᠷ	[er]	雄性	4	ᠡᠬᠡᠴ	[eketʃʰ]	姐姐
	5	ᠡᠩ	[eŋ]	一般	5	ᠡᠣᠡᠷ	[ewer]	犄角
[i]	1	ᠢᠮ	[im]	耳记	1	ᠢᠰᠢᠭ	[iʃik]	羊羔
	2	ᠢᠷ	[ir]	刀刃	2	ᠬᠡᠰᠢᠭ	[xeʃik]	福气
	3	ᠢᠯ	[il]	明显的	3	ᠨᠣᠮᠢᠨ	[nɔmin]	蓝晶石
	4	ᠢᠲ	[it]	吃	4	ᠢᠬᠢᠷ	[ixir]	双胎
	5	ᠢᠴ	[iʃ]	全套的	5	ᠪᠥᠵᠢᠭ	[pøʃik]	舞蹈
[ɪ]	1	ᠢᠮᠠ	[ɪmaː]	山羊	1	ᠣᠷᠰᠢᠭ	[ʊrʃik]	恶果
	2	ᠢᠷᠥ	[ɪrʊː]	悦耳	2	ᠠᠰᠢᠭ	[aʃik]	利、好处
	3	ᠢᠼᠣᠷ	[ɪtsʊːr]	根源	3	ᠬᠣᠵᠢᠮ	[xɔʃim]	以后
	4	ᠬᠢᠯᠬᠠᠰ	[xɪlkas]	尾鬃	4	ᠠᠰᠢᠯ	[aʃil]	工作
	5	ᠬᠢᠲᠠᠳ	[xɪtʰat]	汉族	5	ᠬᠡᠨᠲᠢᠭ	[kæntik]	金刚石

续表

元音	字号	词首			字号	非词首		
		蒙古文	国际音标	汉义		蒙古文	国际音标	汉义
[ɔ]	1	ᠣᠷᠤ	[ɔr]	床铺	1	ᠣᠯᠠᠨ	[ɔlən]	多
	2	ᠣᠢᠯᠠ	[ɔx]	精华	2	ᠣᠯᠠᠩ	[ɔloŋ]	肚带（马的）
	3	ᠣᠳᠣ	[ɔt]	星星	3	ᠣᠳᠠᠷ	[ɔtʰɔr]	倒场
	4	ᠣᠢ-	[ɔj]	缝	4	ᠰᠣᠶᠣᠯ	[sɔjil]/[sɔjil]	文化
	5	ᠣᠪ	[ɔb]	计谋	5	ᠲᠣᠬᠣᠮ	[tʰɔxɔm]	鞍屉
[ʊ]	1	ᠤᠳᠤ	[ʊt]	柳树	1	ᠤᠷᠤᠭ	[ʊrʊk]	婚姻
	2	ᠤᠰᠤ	[ʊs]	水	2	ᠤᠯᠤᠰ	[ʊlʊs]	国家
	3	ᠤᠩ	[ʊŋ]	房椽	3	ᠤᠨᠤᠬ	[ʊnʊx]	骑
	4	ᠤᠢ -	[ʊj]	系	4	ᠬᠤᠳᠤᠭ	[xʊtʊk]	井
	5	ᠤᠯ	[ʊl]	脚心、鞋底	5	ᠲᠤᠬᠤᠯ	[tʰʊkʊl]	牛犊
[ø]	1	ᠥᠳᠥ	[øt]	羽毛	1	ᠨᠥᠬᠥᠷ	[nøxør]	朋友
	2	ᠥᠩ	[øŋ]	肥沃的	2	ᠥᠪᠥᠯ	[øwøl]	冬天
	3	ᠥᠪ	[øb]	资产	3	ᠥᠳᠥᠷ	[øtør]	天、日子
	4	ᠥᠯ	[øl]	营养、滋养	4	ᠬᠥᠪᠥᠩ	[xøwøŋ]	棉花
	5	ᠥᠭ	[øk]	给	5	ᠮᠥᠷᠥᠨ	[mørøŋ]	江河
[y]	1	ᠦᠨᠡ	[yn]	价格	1	ᠦᠨᠦᠷ	[ynyr]	味道
	2	ᠦᠭᠡ	[yk]	词	2	ᠦᠵᠦᠭ	[ytsək]	钢笔
	3	ᠦᠰᠦ	[ys]	头发、毛	3	ᠦᠰᠦᠭ	[ysək]	文字
	4	ᠦᠳᠡ	[yt]	中午	4	ᠰᠦᠷᠦᠭ	[syryk]	群
	5	ᠦᠶᠡ	[yj]	关节	5			
[æ]	1	ᠠᠮᠢ	[æm]	生命	1			
	2	ᠠᠯᠢ	[æl]	哪个	2			
	3	ᠠᠨᠢᠬᠤ	[ænix]	闭眼	3			
	4	ᠠᠳᠠᠯᠢ	[ætəl]	一样	4			
	5	ᠠᠯᠢᠮᠠ	[ælim]	苹果	5			

146

A.2　长元音

元音	字号	词首			字号	非词首		
		蒙古文	国际音标	汉义		蒙古文	国际音标	汉义
[ɑ:]	1		[ɑ:w]	父亲	1		[ʊtʰɑ:]	烟
	2		[ɑ:k]	浓度、劲	2		[parɑ:]	幻影
	3		[ɑ:r]	零碎的	3		[xɑ:]	关系
	4		[ɑ:ʃ]	脾气、性格	4		[xarɑ:]	缘故
	5		[ɑ:l]	礼貌、素质	5		[xʊktʃʰɑ:]	学期
[e:]	1		[e:x]	晒	1		[eme:l]	马鞍
	2		[e:ʧ]	母亲	2		[erektʰe:]	男的
	3		[e:k]	号啕的	3		[xere:]	乌鸦
	4		[e:l]	福气、感情	4		[xerektʃʰe:]	用处
	5		[e:m]	锁骨	5		[eske:]	毛毡
[i:]	1		[i:m]	这样	1		[mini:]	我的
	2		[i:ʃ]	往这里	2		[tʃʰini:]	你的
	3		[xi:x]	做	3		[xawri:n]	春天的
	4		[tʃi:k]	潮气	4		[eɣtʃi:n]	姐姐的
[ɪ:]	1		[xɪːmər]	灵魂、朝气	1		[næri:n]	细的
	2		[tʃʰɪːrək]/[tʃʰɪxrak]	健康	2		[ʊnʃi:x]	下垂、悬挂
[ɔ:]	1		[ɔ:n]	雄黄羊	1		[ɔntɔ:]	不同
	2		[ɔ:ʧ]	一口	2		[nɔkɔ:]	蔬菜
	3		[ɔ:l]	手斧	3		[xɔlwɔ:]	联系
	4		[xɔ:l]	喉咙	4		[tɔlɔ:]	七
	5		[tʰɔ:]	数字	5		[tʃɔlɔ:]	缰绳
[ʊ:]	1		[ʊ:x]	喝	1		[ʊrʊ:l]	嘴唇
	2		[ʊ:ʧ]	坎肩、背心	2		[xʊʃʊ:]	旗县
	3		[ʊ:l]	山	3		[xatʰʊ:]	硬的
	4		[ʊ:r]	怒气	4		[kalʊ:]	天鹅
	5		[ʊ:tʰ]	口袋、袋子	5		[xɪrʊ:]	霜
	6		[pʊ:x]	下来	6			
	7		[pʊ:l]/[py:l]	牙龈	7			
	8		[pʊ:]	炮	8			
	9		[xʊ:r]	琴	9			

续表

元音	字号	词首			字号	非词首		
		蒙古文	国际音标	汉义		蒙古文	国际音标	汉义
[ø:]	1		[ø:x]	脂肪	1		[øskø:]	脚后跟
	2		[pø:s]	虱子	2		[ørø:]	里间
	3		[kʰø:s]	泡沫	3		[ørʃø:l]	仁慈
	4		[mø:røx]	牛叫	4		[nølø:]	影响
	5		[sø:m]	一扎	5		[kʰøntø:]	石洞、松
[y:]	1		[y:l]	云彩	1		[ytsy:r]	尖
	2		[y:t]	大门	2		[pyty:n]	粗的
	3		[y:r]	巢、窝	3		[xytsy:]	脖子
	4		[ny:rs]	煤	4		[sery:n]	凉爽
	5		[ky:]	骟马	5		[ʧy:l]/[tsy:l]	种类
	6		[sy:l]	尾巴	6			
	7		[tʰy:x]	历史	7			
[æ:]	1		[æ:x]	害怕	1		[xʊlkæ:]	小偷
	2		[næ:ts]	密友	2		[kaxæ:]	猪
	3		[pæ:x]	有	3		[tʰʊsxæ:]	专门
	4		[xæ:r]	爱	4		[malkæ:]	帽子
	5		[tæ:sŋ]	敌人	5		[ʃaxæ:]	鞋
[œ:]	1		[œ:]	周年	1		[ɔrɛ:]	顶、晚
	2		[œ:r]	近的	2		[xɔrmɛ:]	衣襟
	3		[nœ:r]	睡眠	3		[nɔxœ:]	狗
	4		[œ:rət]	卫拉特	4		[tʰɔlkœ:]	头
	5		[œ:məs]	袜子	5		[tʰɔtɔrxɛ:]	清楚

148

A.3　复合元音

元音	字号	蒙古文	国际音标	汉义
[ʊɑː]	1		[xʊɑːr]	花
	2		[xʊɑː]	淡黄色
	3		[lʊɑːs]	骡子
	4		[kʊɑːx]	洗漱
	5		[kʊɑːtas]	污水
[yeː]	1		[kyeː]/[kʰyeː]	不
	2		[kyeːlekʰ]	失去
	3		[ytskʰyeː]	不看
	4		[øːtkyeː]	不争气
	5		[ytseʃkyeː]	没法看
[yæː]	1		[apaʃkyæː]	没法要
	2		[jɑpkʰyæː]	不走
	3		[sʊːʃkyæː]	不坐

A.4　基本单辅音

辅音	字号	词首			非词首					
					词中			词尾		
		蒙古文	国际音标	汉义	蒙古文	国际音标	汉义	蒙古文	国际音标	汉义
[n]	1	(蒙古文)	[nar]	太阳	(蒙古文)	[sanal]	意见	(蒙古文)	[sæ:xan]	好看
	2	(蒙古文)	[nilx]	婴儿	(蒙古文)	[sernix]	分散	(蒙古文)	[xʊ:tʃhin]	旧的
	3	(蒙古文)	[nɔm]	书	(蒙古文)	[mana]	玛瑙	(蒙古文)	[nɔkɔ:n]	绿色
[p]	1	(蒙古文)	[pakʃ]	小队	(蒙古文)	[naptʃh]	叶子	(蒙古文)	[aw]	拿
	2	(蒙古文)	[pitʃh-]	书写的	(蒙古文)	[khilpar]	简单	(蒙古文)	[limp]	笛子
	3	(蒙古文)	[pɔr]	棕色	(蒙古文)	[thɔptʃh]	扣子	(蒙古文)	[khew ʃiŋtʃ]	典型
[ph]	1	(蒙古文)	[phiɔ]	车票						
	2	(蒙古文)	[phaɣtʌ]/[kar]	矮小的						
	3	(蒙古文)	[phɔr]	咕嘟响						
[x]	1	(蒙古文)	[xɔs]	双的	(蒙古文)	[mæ:xan]	帐篷	(蒙古文)	[xa:x]	关
	2	(蒙古文)	[xɔr]	毒药	(蒙古文)	[bʊrxan]	佛	(蒙古文)	[maxʌ]	肉
	3	(蒙古文)	[xar]	黑色	(蒙古文)	[xɔŋxɔr]	穴、坑	(蒙古文)	[sʊrax]	学习
[kh]	1	(蒙古文)	[khel]	语言	(蒙古文)	[møkhøl]	灭亡	(蒙古文)	[metex]	知道
	2	(蒙古文)	[khil]	边界	(蒙古文)	[thy:xe:]	生的	(蒙古文)	[khøx]	蓝色
	3	(蒙古文)	[khyn]	人	(蒙古文)	[thylkhy:r]	钥匙	(蒙古文)	[ikh]	大、多
[k]	1	(蒙古文)	[ker]	光	(蒙古文)	[tɔlkɔ:n]	波浪	(蒙古文)	[kherek]	事件
	2	(蒙古文)	[ky:kh]	跑	(蒙古文)	[pørkøt]	雕、鹰	(蒙古文)	[møŋk]	银子、钱
	3	(蒙古文)	[kem]	恶习	(蒙古文)	[tʃhiklel]	方向	(蒙古文)	[nek]	一
[ɢ]	1	(蒙古文)	[ɢal]	火	(蒙古文)	[ʊksa:]	家族	(蒙古文)	[pak]	小
	2	(蒙古文)	[ɢar]	手	(蒙古文)	[sɔlɣæ:]	左撇子	(蒙古文)	[xatak]	哈达
	3	(蒙古文)	[ɢɔl]	河	(蒙古文)	[thaŋgat]	唐古德	(蒙古文)	[ɢaŋɢ]	悬崖
[m]	1	(蒙古文)	[mal]	牲畜	(蒙古文)	[xamar]	鼻子	(蒙古文)	[xatam]	婆家
	2	(蒙古文)	[mɔt]	树木	(蒙古文)	[khimt]	便宜	(蒙古文)	[tʃim]	小路
	3	(蒙古文)	[miŋɢ]	千	(蒙古文)	[xʊrmast]	上帝	(蒙古文)	[thɔm]	庞大

续表

辅音	字号	词首			非词首					
					词中			词尾		
		蒙古文	国际音标	汉义	蒙古文	国际音标	汉义	蒙古文	国际音标	汉义
[l]	1		[lam]	喇嘛		[tʊlaːn]	温暖		[pal]	蜂蜜
	2		[liŋχʊa]	莲花		[ʃilkaltʰ]	考试		[ʃil]	玻璃
	3		[lɔŋx]	瓶子		[kʊlʊx]	嫌弃		[xʊl]	远
[s]	1		[sar]	月份		[sɔnsɔx]	听		[nas]	岁数
	2		[saŋ]	仓库		[tʰøsøː]	相似		[xɔs]	双的
	3		[sʊm]	苏木、县		[tsapsar]	缝隙		[tsʰʊs]	血
[ʃ]	1		[ʃatʃin]	宗教		[tʰyʃik]	依靠		[kʰørʃ]	邻居
	2		[ʃin]	新的		[tʰakʃʊːr]	感冒		[xaʃ]	挡
	3		[ʃɔk]	幽默		[xʊʃʊ]	鸟嘴		[nɔwʃ]	垃圾
[t]	1		[tal]	七十		[xataːs]	钉子		[xat]	岩石
	2		[tʊxʊ]	前额		[pɔtɔx]	想		[pit]	我们
	3		[tyr]	相貌		[tsʰitək]	传记		[pɔt-]	想
[tʰ]	1		[tʰaw]	五		[xatʰʊ]	硬的		[xamtʰ]	一同
	2		[tʰiŋxim]	大厅		[tɔtʰɔr]	里边		[xɔtʰ]	城市
	3		[tʰɔs]	油		[ʊtʰas]	线		[ʊntʰ]	睡
[tʃʰ]/[tsʰ]	1		[tsʰak]	时间		[xʊ tsʰax]	吠			
	2		[tsʰaɣaːn]	白色		[xʊ tʃʰix]	遮盖			
	3		[tsʰæxyːr]	燧石		[pi tʃʰix]	写		[xʊrtsʰ]	锋利
	4		[tʃʰix]	耳朵		[ʊtʃʰir]	事由		[nʊːtsʰ]	秘密
	5		[tʃʰiŋ]	严厉		[xatʃʰar]	脸颊		[xætʃʰ]	剪刀
	6		[tʃʰʊlʊː]	石头		[pʊ tsʰaːx]	归还		[xaramtʃʰ]	吝啬
	7		[tsʰɔl]	称号		[pak tʃʰʊːt]	小孩		[kʰytʃʰ]	力量
	8		[tsʰɔlmɔn]	启明星		[ny tsʰkən]	裸体		[pøtʃʰ]	红领巾
	9		[tsʰɔlwʊːr]	缰绳		[xæryːtsʰax]	负责			

续表

| 辅音 | 字号 | 词首 | | | 非词首 | | | | | |
| | | | | | 词中 | | | 词尾 | | |
		蒙古文	国际音标	汉义	蒙古文	国际音标	汉义	蒙古文	国际音标	汉义
[ʧ]/[ts]	1		[tsaɲʃil]	习俗		[xatsa:r]	马嚼子			
	2		[tsam]	路		[katsar]	地			
	3		[tsax]	边沿		[xaltsan]	秃顶的		[moʧ]	省
	4		[ʧil]	年		[ʊ:ʧim]	宽阔		[sy:ʧ]	胯骨
	5		[ʧiʃe:]	例句		[keʧik]	头发		[kʰyʧ]	香
	6		[ʧirəm]	肚带		[ma:ʧix]	抓挠		[jaɲts]	样式
	7		[tsɔkʰɔ:l]	作品		[kɔ:ʧix]	漏		[manʧ]	满洲
	8		[tsʊl]	佛灯		[tsʊtsa:ŋ]	厚的		[kʰyrts]	铁锹
	9		[tsʊn]	夏天		[kaltsʊ:]	疯子			
[j]	1		[jar]	伤疤		[ajəs]	曲调		[pej]	身体
	2		[jaw-]	走		[pajən]	富裕		[yj]	关节
	3		[jɔs]	理、礼貌		[xɔjɔr]	二		[naj]	八十
[r]	1		[arma:n]	小说		[xarantæ:]	铅笔		[sar]	月亮
	2		[arʃan]	圣水		[xæry:]	回信		[nʊ:r]	湖
	3		[rɔm]	罗马		[xʊral]	会议		[xʊr]	雨水
[ŋ]	1					[maŋnæ:]	额头		[pʊlʧʰiŋ]	肌肉
	2					[ʧiŋkʰən]	正式		[kaŋ]	钢
	3					[xɔŋkɔr]	亲爱的		[ty:reŋ]	满的
[w]	1					[tawxar]	双的		[ʃæw]	徒弟
	2					[kawja:]	功劳		[tʰæw]	五十
	3					[sʊwɔt]	珍珠		[kœw]	戈壁

后　记

　　本书是蒙古语卫拉特方言语音多模态研究的阶段性成果之一。在出版之际，首先感谢我的恩师于洪志教授，是她不弃驽钝，招我入门，为我打开了一片新的天地，引我步入实验语音学的领域，从定题、研究内容到研究方法不断修正我的方向，使我少走弯路，踏着前人的脚印不断向前。还记得恩师说我话太少、性格很柔弱，读博不仅要拓展思维、厚积专业知识，也要学会有担当、有魄力；心强大了，以后不管做什么，在哪个领域都会成功。感谢于老师的谆谆教诲，学生铭记心中！

　　不论是博士学习阶段还是在之后的工作研究中，巴图格日勒教授和李永宏教授都给了我极大的指导和启示，为我学习和研究提供了很多帮助。两位老师的理论语言学功底扎实，即使是与他们的短暂交流，也会让我收获满满。在此由衷地说一声：谢谢你们。

感谢我的家人支持我每一次的决定。曾经与母亲商量是否继续读博，因当时父亲的身体不是太好，我本可以完成硕士阶段的学业，回家乡同母亲一起照顾他，但母亲俨然说父亲的病情还算稳定，继续深造的机会难得，让我自己决定。母亲的话为我宽心不少，我继而决定继续前行。在读博期间我也收获了小家，我的丈夫同时也是我的同学胡阿旭先生一直敦促我、鼓励我。在此我也把本书献给我的一双儿女乌丽歌、乌宁奇，愿他们健康快乐地成长！愿家人安康幸福！

最后感谢科学出版社不辞辛苦的编辑，他们对本书内容、格式的校对，向我细心交代了修改要求和建议，耐心地等待我的回稿。

本书是阶段性成果，书中难免有不足之处，请大家批评指正。

格根塔娜

2020 年 4 月 6 日